초등 보카 스타트

지은이 넥서스콘텐츠개발팀
펴낸이 안용백
펴낸곳 (주)넥서스

초판 1쇄 발행 2011년 3월 15일
초판 2쇄 발행 2011년 3월 20일

2판 1쇄 인쇄 2016년 4월 15일
2판 1쇄 발행 2016년 4월 30일

출판신고 1992년 4월 3일 제311-2002-2호
04044 서울시 마포구 양화로 8길 24
Tel (02)330-5500 Fax (02)330-5555

ISBN 979-11-5752-756-4 63740

www.nexusbook.com
넥서스Friends는 (주)넥서스의 초·중등 영어 전문 브랜드입니다.

초등
1-3학년

초등 저학년이 꼭 알아야 할 영단어

초등 보카 스타트

넥서스콘텐츠개발팀 지음

넥서스Friends

영어 공부의 기본은 단어!

그 중에 동사만 꽉 잡아도 영어를 술술~ 말할 수 있다?

단어가 영어 학습의 기본이라는 것은 누구나 인정하는 사실입니다. 그러나 단어를 아이들에게 어떻게 학습시켜야 하는지에 대해서는 고민을 많이 해야 할 필요가 있습니다. 단어를 학습할 때는 개별적으로 외우지 말고, 문장 및 상황(context) 속에서 학습하는 것이 최선이라고 많은 분들이 말을 합니다. 때문에 시중에 나와 있는 초등 단어책들 대부분이 다양한 주제별로 상당량의 단어를 대화체 속에 소개하고 있는 것입니다. 하지만, 무조건 문맥과 단어의 양만 강조하는 학습 방식은 오히려 아이들에게 부담감과 지루함을 줄 수 있게 되고, 결국 배운 단어를 활용하여 표현을 할 수 있는 감각도 떨어지게 되는 역효과를 가져 올 수도 있습니다. 다시 말해, 단어의 양과 상황도 중요하지만 어떤 단어에 먼저 노출시키고, 또한 어떤 방식으로 접하게 해서 아이들이 단어를 효과적으로 학습하고, 결국은 문장으로 잘 표현을 할 수 있게 지도하느냐가 중요한 문제입니다.

그렇다면 어떤 단어를 기준으로 어떻게 학습해야 할까?

우선 단어는 문장을 이루는 기본 단위입니다. 즉 각 단어들이 서로 유기성을 갖고 한 문장을 이루게 되는데 이때 의미상 가장 중심이 되는 것은 동사입니다.

동사 'drink'를 예로 들면,

동사 drink를 기준으로 위와 같은 이미지 맵을 머리 속에 그려 나갈 수 있도록 학습하면서 단어를 확장하게 되면 결국 단어 학습 자체가 개별적인 '의미 암기'에서 벗어나 '동사를 기준으로 여러 단어를 자연스럽게 연결해서 표현할 수 있는 감각'으로 초점이 맞춰지게 됩니다. 즉 기본 동사를 기준으로, 동사의 의미를 배우고 그 동사와 어울리는 단어를 배워 확장하는 접근 방식을 취하게 된다면 아이들은 단어를 배우면서 자연스럽게 문장을 만들어 내는 감각을 키우게 되는 것입니다.

동사 30개 선별 기준과 그 밖의 단어는?

초등 영어 교과서에 나오는 단어 중에, 초등학생이 꼭 알아야 할 '동사 30개'를 단어 학습 기준으로 세웠습니다. 그리고 230개(초등학교 교과서 중)의 단어를 각각 선별된 30개 동사와 관련 지어 학습 할 수 있도록 소개하고 있습니다.

동사가 들어 있는 표현을 먼저 확실히 익힌 다음 그 속에 새로운 단어를 넣어 대화 하는 식으로 지도한다면 아이들은 동사의 기준 안에서 낯선, 새로운 단어를 서로 연관지으며 학습할 수 있기 때문에 잘 잊어버리지 않고, 배운 단어를 자연스럽게 활용할 수 있는 효과를 더 높이게 될 것입니다.

● 넥서스콘텐츠개발팀

일러두기

☆ 새로 배울 동사 소개

각 Unit에 나오는 중심 동사가 어떤 상황에서, 어떻게 쓰일 수 있는지를 제시하고, 그 동사의 뜻이 무엇인지 예문을 통해 쉽게 설명해 줍니다.

☆ 동사의 뜻 알아보기

동사가 갖고 있는 의미 중에 꼭 알아야 할 두 가지 뜻을 각각 구분하여 보여줍니다.
▶ 어떤 동사는 의미상 한 가지일 경우도 있음.

☆ Let's Talk

동사의 뜻을 알고 나면 간단한 대화를 통해 어떤 상황 속에서 그 동사가 쓰일 수 있는지 알아봅니다.

☆ 상황 그림으로 동사 맛보기

동사가 잘 쓰이는 대표적인 상황을 그림에 담았습니다. 또 말풍선 안에는 이 Unit에서 배우는 동사를 이용한 중요한 표현을 넣었습니다.

☆ Let's Practice

Let's Talk에서 나왔던 표현에서 동사를 따라 써 보고, 새로운 단어들을 MP3를 들으면서 익힙니다. 그런 다음 빈칸에 각 단어들을 하나씩 넣으면서 표현을 연습합니다.

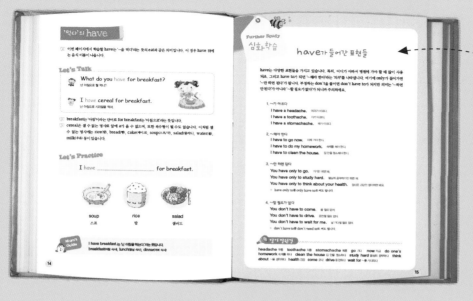

☞

☆ 심화 학습

앞에서 배운 동사의 기본 뜻 두 가지 외에 주요한 표현과 쓰임을 정리하였습니다. 중학교 수준의 표현을 선행학습 할 수 있습니다.

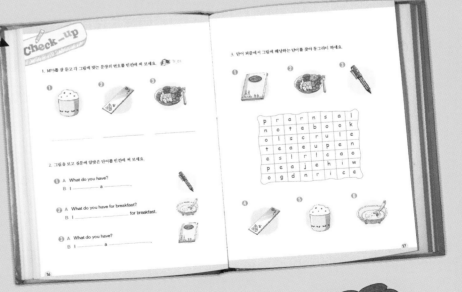

☆ Check-up

본문에서 배운 내용을 얼마나 알고 있는지 문제를 풀어 확인합니다.

MP3를 듣고 푸는 Listening Test와 빈칸을 채워서 문장을 완성하는 Writing Test, 사다리타기, 단어 퍼즐, 숨은그림찾기 등 다양한 문제들이 있습니다.

목차

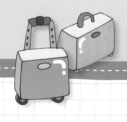

초등 보카 스타트

Voca Start

ARE YOU READY?

have 가지다, 먹다

Unit 01

have는 아이가 자기의 것이라는 소유의 개념을 알고 나서 무엇을 갖고 있는지
말하고 싶을 때 바로 가르쳐 줄 수 있는 동사입니다.
그 뜻은 '~을 가지고 있다'로 have 바로 뒤에 가지고 있는 것의 이름을 쓰면 돼요.
I have a book. 난 책 한 권을 가지고 있어.

have 뒤에 음식 이름이 나오면 이때는 '~을 먹다'라는 뜻으로 나중에 배울 eat과 같은 의미랍니다.
I have a sandwich for lunch. 난 점심으로 샌드위치를 먹어.

'가지다'의 have

💬 have의 가장 대표적인 의미는 '~을 가지고 있다'입니다. 이 경우 have 뒤에 가지고 있는 물건의 이름을 쓰면 됩니다.

Let's Talk

 What do you have?
뭘 가지고 있니?

 I have a pencil.
연필을 가지고 있어요.

💬 What do you have?에서 what은 '무엇'이라는 의미로 의문문에서 맨 앞에 옵니다.
💬 a pencil은 '연필 하나'를 의미하며, 복수로 '연필 여러 개'를 말할 때는 pencils라고 하면 됩니다.

Let's Practice

I have a _____ .

notebook
공책

pen
펜

ruler
자

 **Mom's Guide**

have는 he/she/it/Jonh 등과 같은 3인칭 단수 주어를 만나면 **has**로 바뀝니다.
He has a sister. 그 남자애는 여동생이 한 명 있다.

'먹다'의 have

💬 이번 페이지에서 학습할 have는 '~을 먹다'라는 뜻의 eat과 같은 의미입니다. 이 경우 have 뒤에는 음식 이름이 나옵니다.

Let's Talk

What do you have for breakfast?
넌 아침으로 뭘 먹니?

I have cereal for breakfast.
난 아침으로 시리얼을 먹어.

💬 breakfast는 '아침'이라는 단어로 for breakfast는 '아침으로'라는 뜻입니다.

💬 cereal은 셀 수 없는 명사로 앞에 a가 올 수 없으며, 또한 복수형이 될 수도 없습니다. 이처럼 셀 수 없는 명사에는 rice(밥), bread(빵), cake(케이크), soup(스프/국), salad(샐러드), water(물), milk(우유) 등이 있습니다.

Let's Practice

I have _____ for breakfast.

soup
스프

rice
밥

salad
샐러드

Mom's Guide

I have breakfast.는 '난 아침을 먹는다.'라는 뜻입니다.
breakfast(아침 식사), lunch(점심 식사), dinner(저녁 식사)

have가 들어간 표현들

have는 다양한 표현들을 가지고 있습니다. 특히, 어디가 아파서 병원에 가야 할 때 많이 사용되죠. 그리고 have to가 되면 '~해야 한다'라는 '의무'를 나타냅니다. 부정을 나타내는 don't을 붙이면 don't have to가 되지만 의미는 '~하면 안 된다'가 아니라 '~할 필요가 없다'가 되니까 주의하세요.

1. ~가 아프다

I have a headache.   머리가 아프다.
I have a toothache.   이가 아프다.
I have a stomachache.   배가 아프다.

2. ~해야 한다

I have to go now.   이제 가야 한다.
I have to do my homework.   숙제를 해야 한다.
I have to clean the house.   집 안을 청소해야 한다.

3. ~할 필요가 없다

You don't have to come.   올 필요 없어.
You don't have to drive.   운전할 필요 없어.
You don't have to wait for me.   날 기다릴 필요 없어.

● don't have to를 don't need to로 써도 됩니다.

단어 망원경

headache 두통   toothache 치통   stomachache 복통   go 가다   now 지금   do one's homework 숙제를 하다   clean the house 집 안을 청소하다   come 오다   drive 운전하다   wait for ~를 기다리다

1. MP3를 잘 듣고 각 문장에 맞는 그림의 번호를 빈칸에 써 보세요. Tr_01

① _____   **②** _____   **③** _____

a.    b.    c.

2. 그림을 보고 질문에 알맞은 단어를 빈칸에 써 보세요.

① A   What do you have?

B   I _____ a _____ .

② A   What do you have for breakfast?

B   I _____ _____ for breakfast.

③ A   What do you have?

B   I _____ a _____ .

3. 단어 퍼즐에서 그림에 해당하는 단어를 찾아 동그라미 하세요.

❶ ❷ ❸

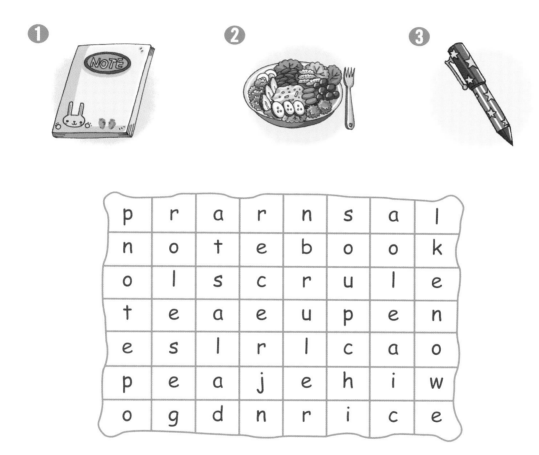

p	r	a	r	n	s	a	l
n	o	t	e	b	o	o	k
o	l	s	c	r	u	l	e
t	e	a	e	u	p	e	n
e	s	l	r	l	c	a	o
p	e	a	j	e	h	i	w
o	g	d	n	r	i	c	e

❹ ❺ ❻

go 가다

아이가 극장에 간다고 친구들에게 자랑하고 싶어해요. go는 이렇게 어디에 가는지
말하고 싶을 때 필요하죠. go 자체는 '가다'라는 뜻으로 바로 뒤에
[to+장소]를 쓰면 '~에 가다'라는 의미가 됩니다.

I go to school. 난 학교에 가.

그럼 go의 반대말인 '오다'는 영어로 뭐라고 할까요? 정답은 come!

Come here. 이리로 와.

'가다'의 go

💬 go의 의미는 '가다'입니다. 만약 바로 뒤에 [to+장소]가 오면 '~에 가다'라는 뜻이 됩니다.

Let's Talk

 Where do you *go***?**
너 어디 가니?

 I *go* **to the zoo.**
동물원에 가.

💬 where은 '어디에'라는 의문사로 의문문에서 맨 앞에 옵니다.

Let's Practice

I *go* **to the** _____ .

park
공원

bookstore
서점

theater
영화관

Mom's Guide

'난 학교에 가.'라고 말할 때는 I go to school.이라고 합니다.

'오다'의 Come

💬 이번 페이지에서 학습할 come은 '오다'라는 의미로 '가다'의 go와 반대말입니다.

Let's Talk

 I must go now.
When does the bus come?
나 지금 가야 해. 버스가 언제 오니?

 It comes at 10:00 a.m.
오전 10시에 와.

💬 must는 '~해야 한다'라는 의미로 '의무'를 나타냅니다.

💬 at이 시간 앞에 올 경우 '~시에'라는 뜻이 됩니다. 또한 noon이나 night과 함께 쓰이기도 하는데,
at noon(정오에), at night(밤에)라는 뜻이 됩니다.

Let's Practice

When does the _____ come?

subway
지하철

train
기차

 Mom's Guide

must는 '~해야 한다'는 뜻이에요.

go와 come이 들어간 표현들

go는 기본적으로 '가다'라는 의미 이외에도 '~하러 가다'라는 뜻이 있는데, 이 경우 [go to+장소]의 형식이긴 하지만 건물 자체의 장소로 가는 것보다는 장소에서 하는 행위에 더 초점을 두고 있습니다. 두 번째로 '(어떠한 상태로) 되다, 변하다'라는 의미로 쓰는 경우가 있습니다.

1. ~하러 가다

I go to school.   학교에 (공부하러) 가다.
I go to church.   교회에 (예배하러) 가다.
I go to hospital.   병원에 (치료 받으러) 가다.

2. (어떠한 상태로) 되다, 변하다

He went mad.   그는 미쳤다.
The egg went bad.   계란이 상했다.
She went to sleep.   그녀는 잠이 들었다.

come은 '오다'라는 기본적인 뜻 이외에도 다른 의미로 쓰는 경우가 있습니다. 첫 번째로는 '나타나다'라는 의미로 쓰는 경우이며, 두 번째는 from과 함께 쓰여 '~출신이다'라는 뜻이 됩니다.

1. 나타나다

The shadows came.   그림자가 나타났다.
A smile came to Tom's lips.   미소가 톰의 입술에 떠올랐다.
A good idea came to my head.   좋은 생각이 머리에 떠올랐다.

2. ~출신이다

He comes from Seoul.   그는 서울 출신이다.
Mary comes from New York.   메리는 뉴욕 출신이다.
Do you come from London?   당신은 런던 출신입니까?

● come from은 be from과 같은 뜻으로 바꿔 쓸 수 있습니다.

단어 망원경

school 학교   church 교회   hospital 병원   mad 미친   egg 달걀   bad 나쁜   asleep 잠들어
shadow 그림자   smile 미소   lip 입술   idea 생각   head 머리

1. MP3를 잘 듣고 어디로 가는 중인지 고르세요. Tr_02

❶

a.    b.    c.

❷

a.    b.    c.

2. 그림을 보고 문장을 완성해 보세요.

❶ A   When does the _____ _____ ?

   B   It comes at 10:00 a.m.

❷ A   Where do you go?

   B   I _____ to the _____ .

3. 친구는 무엇을 타고 어디로 가려고 하는 걸까요? 줄을 따라 연결하고 알맞은 단어를
   찾아 문장을 완성해 보세요.

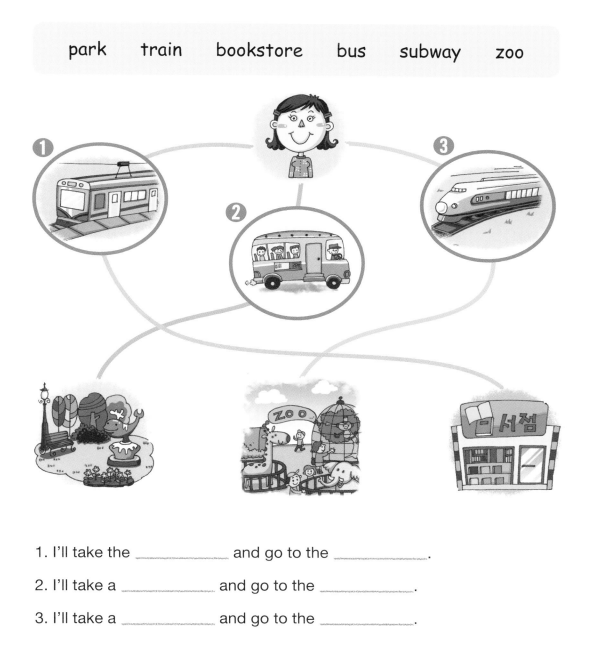

park   train   bookstore   bus   subway   zoo

1. I'll take the ＿＿＿＿＿ and go to the ＿＿＿＿＿.

2. I'll take a ＿＿＿＿＿ and go to the ＿＿＿＿＿.

3. I'll take a ＿＿＿＿＿ and go to the ＿＿＿＿＿.

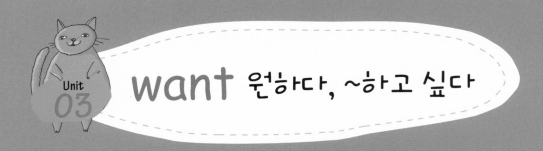

want 원하다, ~하고 싶다

Unit 03

want는 무엇을 원하는지 자신의 바람과 희망을 말하고 싶을 때 사용해요.
그 뜻은 '원하다'로 뒤에 갖고 싶은 물건이나 음식 등의 이름을 씁니다.
I want a new bag. 난 새 가방을 갖고 싶어.

또 want 뒤에 [to+동사]를 쓰면 '~하기를 원하다'라는 뜻이에요.
I want to go to bed. 자고 싶어요.

'원하다'의 want

💬 want는 '원하다'라는 뜻으로 무언가를 갖고 싶거나 먹고 싶을 때 사용합니다. 따라서 보통 뒤에 원하는 물건이나 음식 이름을 쓰면 되겠죠!

Let's Talk

 Mom, I want some pizza.
엄마, 피자가 먹고 싶어요.

 Here you are!
여기 있다.

💬 pizza는 셀 수 없는 명사로 앞에 a가 올 수 없으며, 복수형이 될 수도 없습니다. 셀 수 없는 명사에는 rice(밥), bread(빵), water(물), milk(우유), sugar(설탕), salt(소금) 등이 있습니다.

💬 some은 '약간의'라는 의미입니다.

Let's Practice

I want some _____ .

pasta
파스타

pie
파이

bread
빵

Mom's Guide

want 다음에 음식 이름이 나오면 그 음식을 원한다, 다시 말해서 '~을 먹고 싶다'라는 뜻이 됩니다.

25

'~하고 싶어요'의 want

💬 '~하고 싶다'라는 의미로 쓰고 싶을 때 want와 [to+동사]를 함께 씁니다. 예를 들어, I want to go to bed.(잠을 자고 싶어요.)가 될 수 있죠. 즉, 여기서 want와 to go가 함께 사용되었습니다. 이번 페이지에서는 want와 to be를 함께 써서 '~가 되고 싶다'라는 표현을 배워 보죠.

Let's Talk

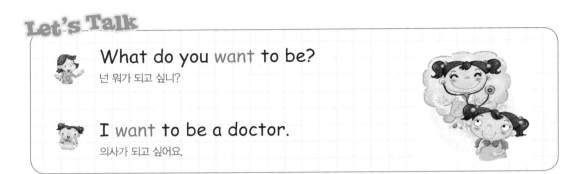

What do you want to be?
넌 뭐가 되고 싶니?

I want to be a doctor.
의사가 되고 싶어요.

💬 be 동사는 '~이다'라는 뜻과 '(~에) 있다'라는 두 가지 뜻이 있습니다.

Let's Practice

I want to be a _____ **.**

| singer | cook | teacher |
| 가수 | 요리사 | 선생님 |

Mom's Guide

want to(~를 원하다)처럼 동사 like(좋아하다) 다음에 to가 오면 '~하는 것을 좋아하다'라는 뜻이 됩니다.　**I like to watch TV.** 난 텔레비전 보는 것을 좋아해.

want가 들어간 표현들

want도 다양한 의미를 가지고 있습니다. 첫 번째로 '필요하다'라는 의미가 있고, 두 번째로는 '~해야 한다', 그리고 세 번째로는 「want+사람+to+동사」의 형태로 '누군가가 ~하기를 원하다'라는 뜻도 있습니다.

1. 필요하다

We will want more furniture.   우리는 가구가 더 필요할 것이다.

This soup wants a bit of salt.   이 스프는 소금이 조금 필요하다.

Your watch wants repairing.   네 시계는 수리가 필요하다.

2. ~해야 한다

You want to see a doctor.   의사의 진찰을 받아야겠다.

He wants to be more careful.   그는 더 조심해야 한다.

You don't want to be rude.   너는 버릇없게 굴어서는 안 된다.

3. 누군가가 ~하기를 원하다

I want you to do it.   네가 그 일을 해 주었으면 좋겠다.

I want you to go at once.   네가 즉시 갔으면 좋겠다.

He wants me to study hard.   그는 내가 공부를 열심히 하기를 원한다.

 단어 망원경

more 더 많은 furniture 가구 soup 스프 a bit of 약간 salt 소금 watch 시계 repair 고치다 see a doctor 의사의 진찰을 받다 careful 조심스러운 rude 무례한 go 가다 at once 즉시 study 공부하다 hard 열심히

1. MP3를 잘 듣고 각 문장에 맞는 그림의 번호를 빈칸에 써 보세요. Tr_03

❶ _____   ❷ _____   ❸ _____

a.    b.    c.

2. 그림을 보고 질문에 알맞은 단어를 빈칸에 써 보세요.

❶ A What do you want?

B I _____ some _____ .

❷ A What do you want to be?

B I _____ to be a _____ .

❸ A What do you want?

B I _____ some _____ .

28

3. 다음 친구들은 커서 무엇이 되고 싶은지 줄을 따라 내려가서 알아보고 문장을 완성
해 보세요.

❶ I _____ to be a _____.

❷ I _____ to be a _____.

❸ I _____ to be a _____.

❹ I _____ to be a _____.

look 보다, ~해 보이다

엄마가 아이에게 무언가를 가리키며 보라고 말하고 싶을 때가 있어요.
이럴 때 쓸 수 있는 동사가 look이에요.
look은 '보다'라는 의미로 흔히 뒤에 at과 함께 쓰여 '~을 보다'라는 뜻이 돼요.
Look at the picture. 저 그림을 봐.

또 '~해 보이다'의 뜻으로 쓰일 때는 뒤에 형용사가 옵니다.
You look good today! 오늘 멋있어 보이네!

'보다'의 look

📋 look의 기본적인 뜻은 '보다'입니다. 이 경우 주로 뒤에 at이 함께 쓰여 [look at+명사]의 형식으로 사용됩니다.

Let's Talk

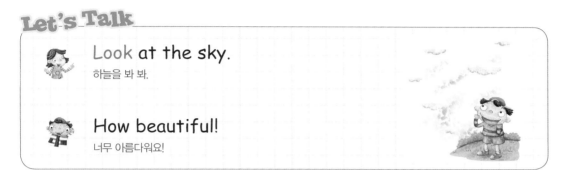

Look at the sky.
하늘을 봐 봐.

How beautiful!
너무 아름다워요!

📋 How beautiful!은 감탄문으로, What a beautiful sky!로 바꿀 수 있습니다. 감탄문의 형식은 [how+형용사] 혹은 [What+a/an+형용사+명사]입니다.

Let's Practice

Look at the _____ .

tree
나무

flower
꽃

mountain
산

Mom's Guide

똑같이 '보다'라는 뜻을 가진 look과 see의 차이를 알아볼까요? look은 '의식적으로, 신경을 써서 보다'라는 의미이지만, 동사 see는 '저절로 눈에 들어오는 것을 보다'라는 의미입니다.

'~해 보이다'의 look

 여기에서는 look이 형용사와 함께 사용되면서 '~해 보이다'라는 의미가 됩니다. 즉, [look+형용사]의 형식이 됩니다.

Let's Talk

> You look sad, today.
> What's the matter?
> 오늘 슬퍼 보이네. 무슨 일이니?

 matter는 '문제'나 '곤란한 일'을 나타냅니다. 따라서 What's the matter?는 무슨 안 좋은 일이 있을 것 같은 경우에 쓰는 표현입니다.

Let's Practice

you look _____ .

happy
행복한

angry
화가 난

sick
아픈

Mom's Guide

What's the matter?와 비슷한 표현으로는 What happened?(무슨 일 있었어?), What's wrong?(무슨 문제야?) 등이 있습니다.

look이 들어간 표현들

look은 다양한 표현들을 가지고 있습니다. look for라는 형태로 쓰면 '찾다'라는 의미가 되고,
look after라는 형태로 쓰면 '돌보다'라는 의미가 됩니다. 이외에도 look around는 '구경하다',
look up to는 '존경하다'라는 의미가 됩니다.

1. 찾다

I'm looking for my keys.   나는 열쇠를 찾고 있어요.

Please look for a black bag.   검은색 가방을 찾아 주세요.

What are you looking for?   무엇을 찾고 있나요?

2. 돌보다

He looks after his brothers.   그는 남동생들을 돌본다.

Please look after my bag for a moment.   잠깐만 내 가방을 봐 주세요.

I can look after myself.   내 앞가림은 내가 해.

3. 둘러보다

I looked around the town.   시내를 둘러보았어요.

May I look around your house?   집 좀 둘러봐도 될까요?

● may는 '~해도 되다'라는 뜻의 조동사입니다.

Would you like to look around our factory?   우리 공장을 둘러보시겠습니까?

● would like to는 '~하고 싶다'라는 뜻입니다.

4. 존경하다

I look up to you.   당신을 존경해요.

I look up to King Sejong.   난 세종대왕을 존경한다.

He looks up to Abraham Lincoln.   그는 애이브러햄 링컨을 존경한다.

 단어 망원경

key 열쇠   black 검은   bag 가방   brother 남자 형제   moment 잠시   myself 내 자신   town 시내
house 집   factory 공장

1. MP3를 잘 듣고 다음 중 내용에 맞는 그림을 고르세요.  Tr_04

2. 민수가 소풍을 가서 주변을 둘러보고 있어요. 무엇을 보고 있는지 look을 써서 문장을 완성해 보세요.

❶ _____ at the _____.

How beautiful!

❷ _____ the _____.

How beautiful!

3. 다음 그림을 보고 사다리를 타고 내려가서 만나는 빈칸에 「You look ～」 표현을 이용하여 문장을 완성해 보세요.

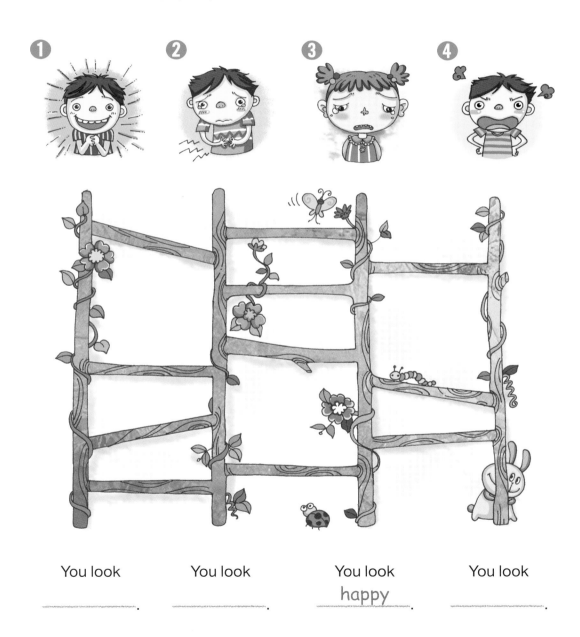

You look

You look

You look
happy

You look

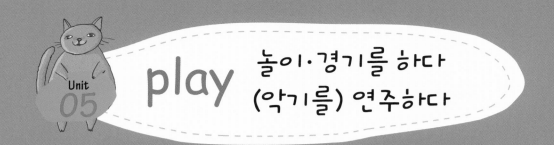

play
놀이·경기를 하다
(악기를) 연주하다

와우! 아이들이 신나게 놀 때 쓸 수 있는 동사, 바로 play예요.
play는 '놀이·경기를 하다'라는 뜻으로, 그 뒤에 카드, 인형 같은 놀이 이름이나
야구나 축구와 같은 운동 이름을 쓰면 돼요.

Let's play baseball. 야구 하자.

또 play가 악기 이름과 함께 쓰이면 '(악기를) 연주하다'라는 의미도 된답니다.

I can play the piano. 난 피아노를 연주할 수 있어.

'놀이·경기를 하다'의 play

💬 play의 기본적인 뜻은 '놀다'입니다. 그런데 뒤에 카드, 인형 같은 놀이 이름이나 야구나 축구와 같은 운동 경기 이름이 오면 '놀이·경기를 하다'라는 뜻이 됩니다.

Let's Talk

 Let's play cards.
카드놀이 하자.

 Okay, I'm ready.
좋아요, 준비됐어요.

💬 be ready는 '준비가 되다'라는 뜻의 표현입니다.

Let's Practice

Let's play (a) _____ .

computer game
컴퓨터 게임

soccer
축구

baseball
야구

Mom's Guide

'숨바꼭질하다'는 play hide and seek, '인형놀이 하다'는 play dolls라고 해요.

'(악기를) 연주하다'의 play

💬 play 뒤에 악기 이름이 오면 '연주하다'라는 뜻이 됩니다. 이 경우 악기 앞에 **the**를 꼭 써야 합니다.

Let's Talk

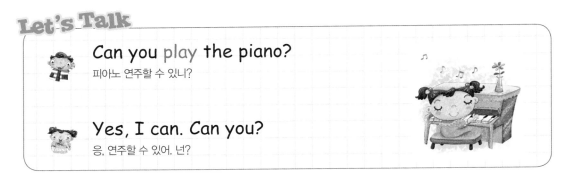

Can you play the piano?
피아노 연주할 수 있니?

Yes, I can. Can you?
응, 연주할 수 있어. 넌?

💬 Can you? 뒤에 play the piano가 생략되어 있습니다.

Let's Practice

Can you play the _____ .

violin   drums   flute
바이올린   드럼   플루트

Mom's Guide

play가 '연주하다'라는 의미로 쓰일 때는 악기 이름 앞에 **the**를 써 주는 것 잊지 마세요.

38

play가 들어간 표현들

play는 '놀다', '(악기를) 연주하다'라는 뜻 이외에도 몇몇 다른 의미로 사용되기도 합니다. 첫 번째로 a trick on과 함께 쓰여 '장난을 치다, 속이다'라는 의미가 됩니다. 두 번째로 '(연극 · 영화에서) 연기하다, 배역을 맡다'라는 의미로 쓰는 경우가 있습니다. 세 번째로는 '(레코드 · 라디오 등을) 틀다'라는 뜻으로 사용되기도 합니다.

1. 장난을 치다, 속이다

He played a trick on me.   그는 나에게 장난을 쳤다.
I played a trick on my sister.   나는 누나에게 장난을 쳤다.
They played a trick on us.   그들은 우리를 속였다.

2. (연극 · 영화에서) 연기하다, 배역을 맡다

I want to play Juliet.   난 줄리엣 역을 맡고 싶어.
He played Hamlet.   그는 햄릿 역을 맡았다.
Steve played the hero.   스티브는 주인공 역을 맡았다.

3. (레코드 · 라디오 등을) 틀다

I played a record.   난 레코드를 틀었다.
Play us your favorite record.   네가 좋아하는 레코드를 틀어 줘.
Please play their new CD for me.   나에게 그들의 새 CD를 틀어 줘.

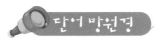
단어 맛원경

sister 여자 형제   hero 주인공   record 레코드   favorite 가장 좋아하는   new 새로운

1. MP3를 잘 듣고 내용에 알맞은 그림을 고르세요. 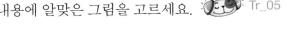 Tr_05

❶

a.   b.   c.

❷

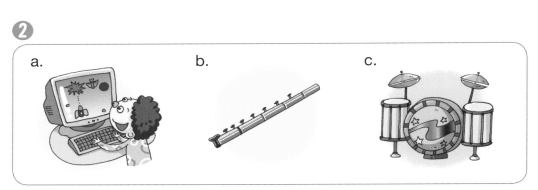

a.   b.   c.

2. 그림을 보고 play를 써서 문장을 완성해 보세요.

❶ A   Let's _____ _____.

   B   OK, I'm ready.

❷ A   Can you _____ the _____?

   B   Yes, I can.

3. 알맞은 단어를 골라 빈칸에 써 보세요.

piano   flute   soccer   computer game
violin   baseball   drums   cards

악기 이름

piano

운동·놀이

computer game

4. 3번 문제의 단어들 중 여러분이 할 수 있는 것과 할 수 없는 것을 골라 빈칸에 써 보세요.

1. I can play (the) _____.

2. I can't play (the) _____.

make 만들다, (합계가) ~이 되다

어버이날, 아이가 꽃도 만들고 예쁜 카드도 만들죠. 이때 알려 줄 수 있는 동사로 make가 있어요.
make는 '만들다'라는 뜻인데 그 뒤에는 만들 수 있는 여러 가지 것들이 올 수 있겠죠?
Let's make a sandcastle. 모래성을 만들자.

또 덧셈을 할 때도 쓸 수 있는데, 이때 make는 '(합계가) ~이 되다'라는 뜻이 됩니다.
Two and two makes four. 2+2=4

'만들다'의 make

💬 make의 기본 뜻은 '만들다'입니다. 이 경우 뒤에 만들 수 있는 여러 가지 것들(명사)이 옵니다.

Let's Talk

 Let's make a card.
카드를 만들자.

 That'll be fun.
재밌겠는걸.

💬 fun은 '재미'라는 뜻의 명사입니다.

Let's Practice

Let's make a _____.

toy ship
장난감 배

snowman
눈사람

robot
로봇

 Mom's Guide

'누구에게 ~을 만들어 주다'라고 말할 때는 [make+사물+for+사람]이라고 해요.
I'll make a robot for my brother. 내 남동생에게 로봇을 만들어 줄 거야.

'(합계가) ~이 되다'의 make

💬 make는 덧셈을 할 때도 사용되는데, 이 경우 make는 '(합계가) ~이 되다'라는 의미가 됩니다.

Let's Talk

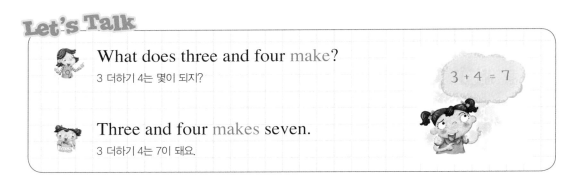

What does three and four make?
3 더하기 4는 몇이 되지?

Three and four makes seven.
3 더하기 4는 7이 돼요.

$3 + 4 = 7$

💬 Three and four makes seven.에서 주어는 Three and four입니다. 이때 주어를 3인칭 단수 취급하는 것에 주의하세요.

Let's Practice

———— and ———— makes ————.

one	two	three	four	five
1	2	3	4	5
six	seven	eight	nine	ten
6	7	8	9	10

Mom's Guide

덧셈의 또 다른 표현을 알아볼까요? 흔히 알고 있는 plus를 쓰면 돼요.
3 plus 4 is 7. 3+4는 7이에요.

44

make가 들어간 표현들

make는 a fool of와 함께 쓰면 '놀리다, 웃음거리로 만들다'라는 뜻이 되고, fun과 함께 써서 make a fun of라고 하면 '놀리다, 비웃다'라는 의미가 됩니다. make up one's mind는 '결정 하다'라는 뜻인데, '화해하다'라는 의미의 make up with와 헷갈리지 않도록 주의하세요.

1. 놀리다, 웃음거리로 만들다

Don't make a fool of me.　나를 바보 취급하지 마.
She made a fool of him.　그녀는 그를 조롱했다.
Stop making a fool of yourself!　주책 좀 그만 부려라!

2. 놀리다, 비웃다

Don't make fun of me.　나를 우롱하지 마.
He made fun of my hair.　그는 내 머리를 갖고 놀렸다.
Please stop making fun of me.　제발 그만 좀 놀려.

3. 결정하다

I can't make up my mind.　결정을 못하겠어.
I make up my mind easily.　나는 쉽게 결정한다.
I made up my mind to study hard.　나는 공부를 열심히 하기로 결정했다.

단어 돋보기 //

fool 바보　**stop** 멈추다　**fun** 재미　**hair** 머리카락　**mind** 마음　**easily** 쉽게　**study** 공부하다　**hard** 열심히

1. MP3를 잘 듣고 아이들이 만들려고 하는 것을 고르세요. Tr_06

a.   b.    c.

❷

a.    b.    c.

2. 그림을 보고 make를 써서 문장을 완성해 보세요.

❶ A   Let's _____ a _____.

B   That'll be fun.

❷ A   What does three and five make?

B   _____ and _____ _____

_____ .

1 2 3 4
5 6 7 8
9 10

3. 보기에서 숫자에 해당하는 단어를 찾아 빈칸에 써 보세요.

|보기| five   nine   ten   three   one   seven   six   four

touch 만지다

Unit 07

이것저것 만져 보고, 건드려 보고 아이들은 호기심이 참 많아요.
이때 가르쳐 줄 수 있는 동사로 touch가 있어요.
touch는 '만지다, 건드리다'라는 뜻이에요.
그런데 아이들에게 무엇을 만지지 말라고 할 때가 더 많은 거 같죠?
Don't touch my bag! 가방 건드리지 마!

'만지다'의 touch

💬 touch의 기본 뜻은 '만지다, 건드리다'입니다. 이 단어는 아이들이 손이나 손가락으로 무언가를 만질 때 사용할 수 있습니다.

Let's Talk

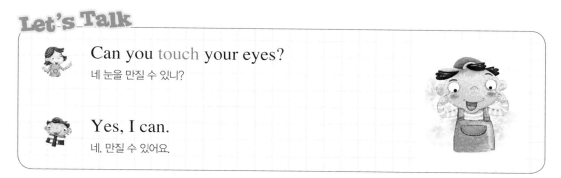

Can you touch your eyes?
네 눈을 만질 수 있니?

Yes, I can.
네, 만질 수 있어요.

💬 can은 '할 수 있다'라는 뜻의 조동사입니다. '할 수 없다'는 can't(= cannot)입니다.

Let's Practice

Can you touch your _____.

nose	mouth	ear
코	입	귀

Mom's Guide

얼굴(face)에 있는 다른 신체 부위 이름을 알아볼까요?
'머리'는 head, '머리카락'은 hair, '이'는 tooth라고 합니다.

'만지다'의 touch

💬 '만지다, 건드리다'의 뜻을 지닌 touch는 아이들이 위험한 물건들을 만지거나 만지려고 할 때 사용할 수 있는 단어입니다. 어떻게 실생활에서 사용되는지 한번 볼까요?

Let's Talk

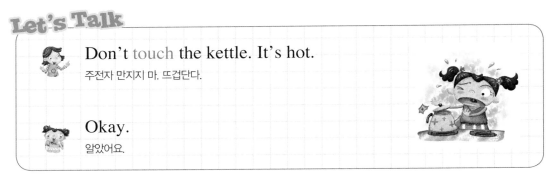

👧 **Don't touch the kettle. It's hot.**
주전자 만지지 마. 뜨겁단다.

👶 **Okay.**
알았어요.

💬 kettle은 '주전자'라는 뜻입니다. hot은 '뜨거운'이라는 뜻인데, '차가운'은 cold라고 합니다.

Let's Practice

Don't touch the _____?

pot	cup	bowl
냄비	컵	대접

Mom's Guide

부엌에서 볼 수 있는 다른 식도구 이름을 알아볼까요?
dish(접시), **bottle**(병), **tray**(쟁반)

touch가 들어간 표현들

touch는 기본적으로 '(손으로) 만지다, 건드리다'라는 뜻을 가지고 있는데, '(둘 이상의 사물·표면 등이) 접촉하다'라는 의미로도 많이 사용됩니다. 그리고 '감동시키다'라는 의미로도 많이 쓰입니다.

1. (둘 이상의 사물·표면 등이) 닿다, 접촉하다

Your coat is touching the floor. 네 코트가 바닥에 닿는다.

The two wires must not touch. 그 두 전선들은 서로 닿아서는 안 된다.

● must not은 '~해서는 안 되다'라는 의미입니다.

Don't let your coat touch the wet paint. 코트가 젖은 페인트에 닿지 않게 해라.

● let은 '~하게 하다'이며, Don't let은 '~하게 하지 마라'라는 의미입니다.

2. 감동시키다

Jim's story touched us deeply. 짐의 이야기는 우리를 깊이 감동시켰다.

His novel touched my heart. 그의 소설은 내 심장을 감동시켰다.

I was touched by her letter. 난 그녀의 편지에 감동받았다.

● A be touched by B는 'A는 B에 의해 감동받았다'라는 의미입니다.

단어 망원경

coat 코트 floor 바닥 wire 전선 wet 젖은 paint 페인트 story 이야기 deeply 깊이 novel 소설
heart 심장 letter 편지

1. MP3를 잘 듣고 무엇에 대해 말하고 있는지 고르세요. Tr_07

①

a.

b.

c.

②

a.

b.

c.

2. 그림을 보고 touch를 써서 문장을 완성해 보세요.

① A Can you ＿＿＿＿＿ your ＿＿＿＿＿?

B Yes, I can.

② A Don't ＿＿＿＿＿ the ＿＿＿＿＿.

It's very hot.

B Okay.

3. 보기의 단어를 활용하여 퍼즐을 풀어 보세요.

| 보기 | angry   violin   pot   nose   teacher   zoo   train   soccer

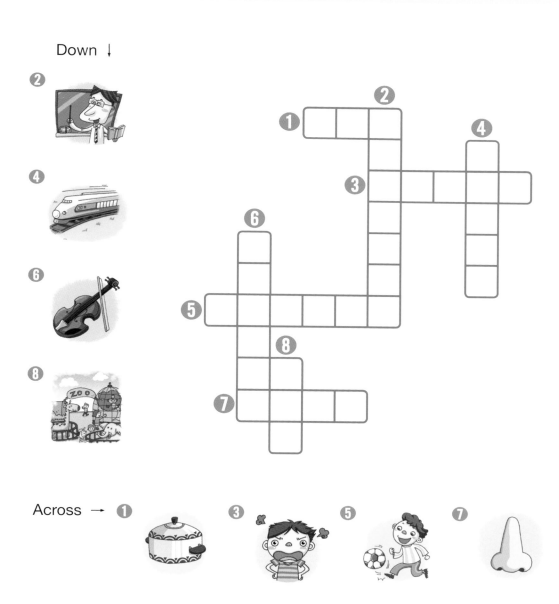

Down ↓

Across →

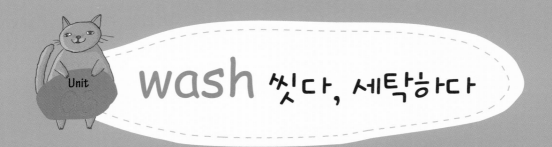

wash 씻다, 세탁하다

조금만 뭘 해도 손과 얼굴이 금방 더러워지는 아이. 씻기 싫어해도 늘 씻으라고 말해야 하는 엄마.
이때 쓰는 동사가 바로 wash예요. wash는 '씻다'라는 의미로
그 뒤에 얼굴이나 손과 같은 신체 부위를 쓰면 돼요.
Wash your face. 얼굴 씻어.
또 '세탁하다'라는 의미로도 쓰이는데, 이때는 의복과 관련된 단어가 뒤에 오겠죠?
I'll wash my T-shirts. 티셔츠를 빨아야지.

'씻다'의 wash

 wash를 사용할 때는 물로 뭔가를 씻을 때입니다. 즉, 얼굴, 손이나 발 등 신체 부분을 씻을 때 사용할 수 있겠죠. 따라서 wash 뒤에는 신체 부위를 쓰면 됩니다.

Let's Talk

Your hands are dirty.
Go and wash your hands.
손이 더럽잖니. 가서 손 씻어.

Okay.
알았어요.

 dirty는 '더러운'이라는 뜻이에요. 반대말은 '깨끗한'이라는 뜻의 clean입니다.

Let's Practice

Wash your _____.

face
얼굴

feet
발

neck
목

Mom's Guide

발 한 쪽은 foot라고 해요. 이와 비슷한 예로 이 한 개는 tooth, 두 개 이상의 복수는 teeth라고 합니다.

55

'세탁하다'의 wash

💬 wash는 물로 뭔가를 씻을 때 사용한다고 앞에서 말했는데요, 세탁물을 빠는 것도 물에 씻는 것이기 때문에 wash를 쓸 수 있습니다. 이 경우 wash 뒤에는 의복과 관련된 단어가 옵니다.

Let's Talk

 Mom! What are you doing?
엄마! 뭐 하세요?

 I'm washing your shoes.
네 신발을 빨고 있단다.

💬 '~하고 있다'라고 현재 진행 중인 동작을 말할 때는 [be+−ing]의 형태를 사용합니다. 예를 들어, I'm sleeping.(나는 잠을 자고 있어요.), He's studying.(그는 공부하고 있어요.)과 같이 쓸 수 있습니다.

Let's Practice

I'm washing you _____ .

pants
바지

socks
양말

jeans
청바지

 **Mom's Guide**
두 개가 한 쌍을 이루는 단어인 경우 꼭 복수형으로 씁니다.
pant(한 쪽 바지가랑이) → pants   sock(양말 한 짝) → socks
shoe(신발 한 짝) → shoes   glove(장갑 한 짝) → gloves

wash가 들어간 표현들

wash는 물로 뭔가를 씻을 때 사용하는 동사입니다. wash 뒤에 the dishes(접시)를 쓰면 '설거지를 하다'라는 뜻이 되고, for a living(생활을 위해)과 함께 쓰면 '세탁업을 하다'라는 뜻이 됩니다. wash를 one's hands와 함께 쓰면 두 가지 뜻이 됩니다. 하나는 '화장실에 가다'이고, 다른 하나는 '관계를 끊다'인데, 이때 뒤에 of가 옵니다.

1. 설거지를 하다

Judy is washing the dishes. 주디는 설거지를 하고 있다.

Did you wash the dishes? 설거지는 했니?

After dinner, I wash the dishes. 저녁 식사 후에 난 설거지를 해요.

2. 세탁업을 하다

Mr. Park washes for a living. 박 씨는 세탁업을 한다.

I had to wash for a living. 나는 세탁업을 해야만 했다.

- had to는 '~해야만 했다'라는 뜻입니다.

I would rather wash for a living than teach.

나는 가르치는 직업보다는 세탁업이 더 좋다.

- would rather A than B는 'B보다 A가 더 낫다'라는 뜻입니다.

3. 화장실을 가다, 관계를 끊다(of)

Where can I wash my hands? 화장실은 어디에 있나요?

I want to wash my hands. 화장실을 가고 싶은데요.

I will wash my hands of you. 너와 관계를 끊겠다.

단어 망원경

dish 접시 **after** ~한 후에 **living** 생활, 생계 **teach** 가르치다

1. MP3를 잘 듣고 무엇에 대해 말하고 있는지 고르세요. Tr_08

1

a.    b. 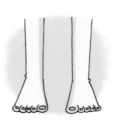   c.

2

a.    b.    c.

2. 그림을 보고 wash를 써서 문장을 완성해 보세요.

1 A   Oh, your _____ is dirty.

B   _____ your _____ .

2 A   What are you doing?

B   I'm _____ your pants.

3. 그림을 보고 빈칸에 들어갈 신체 부위를 보기에서 골라 써 보세요.

| 보기 | eye   hand   mouth   ear   foot   nose   neck

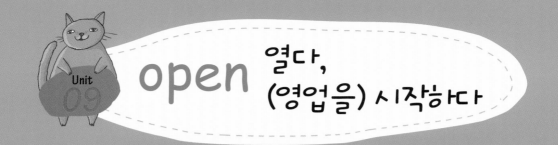

open 열다,
(영업을) 시작하다

open은 '(문 · 상자 등을) 열다'라는 뜻입니다.
Open the box. 상자를 열어.

또 open은 상점이나 공공장소가 영업(일)을 '시작하다'라는 의미로 쓰이기도 한답니다.
The store opens at 10:00 a.m. 그 가게는 오전 10시에 영업을 시작한다.

'열다'의 open

 open의 기본적인 의미는 '열다'입니다. 따라서 창문이나 문을 열라고 할 때 쓰는 단어이죠. open 뒤에 열어야 할 사물의 이름을 쓰면 됩니다.

Let's Talk

It is hot in here.
Open the window.
여기 너무 더운데. 창문 좀 열어라.

Yes, Mom.
네, 엄마

 here는 '여기'라는 뜻입니다. 그럼 '저기'는 무엇일까요? 바로 there랍니다.

Let's Practice

Open the _____.

door
문

box
상자

can
깡통

Mom's Guide

open의 반대말은 close(닫다)입니다. 문을 닫는 것도, 일(영업)을 마치는 것도 동사 close를 써요. **Close the door.** 문 닫아.

'(영업을) 시작하다'의 open

 '열다'라는 뜻의 open은 가게나 상점 혹은 공공장소가 영업을 시작할 때 사용하기도 합니다. 즉, 가게나 상점이 영업을 개시할 때 사용하죠.

Let's Talk

> **When will the bank** open?
> 은행은 언제 열어요?
>
> **The bank** opens **at 9:00 a.m.**
> 은행은 9시에 열어요.

 a.m.은 '오전'이라는 의미입니다. '오후'는 p.m.이라고 합니다. a.m.과 p.m.은 시각을 나타내는 숫자 뒤에 붙여서 쓰지만, o'clock(정각) 혹은 in the morning(아침에), in the evening(저녁에)과 함께 쓰지 않는다는 것에 주의하세요.

Let's Practice

The _____ opens at 9:00 a.m.

post office
우체국

hospital
병원

museum
박물관

Mom's Guide

주어가 3인칭 단수일 때는 위의 문장에서처럼 동사 뒤에 −s 또는 −es를 붙입니다.
He goes to school. 그는 학교에 간다.

open이 들어간 표현들

open은 기본적으로 창문이나 문 혹은 상자 등을 연다는 의미로 쓰이지만, 다른 의미로도 많이 쓰는 단어입니다. 첫 번째로 눈을 뜨거나 입을 벌리라고 할 때 쓸 수 있으며, 두 번째로 책, 지도 등 접혀져 있던 것을 펼칠 때 사용할 수도 있습니다. 그리고 마지막으로 컴퓨터 파일 등을 열려고 할 때 사용할 수 있습니다.

1. (눈, 입 등을) 뜨다, 벌리다

Open your eyes. 눈을 뜨세요

Open your mouth. 입을 벌리세요

I didn't open my mouth about it. 나는 그것에 대해 입도 뻥긋 안 했다.

2. (접히거나 말려 있던 것을) 펼치다

Open the map on the table. 탁자 위에 지도를 펼쳐 놓아라.

Open your books to page 15. 책 15 페이지를 펴 보세요

I open my arms and hug my sister. 나는 두 팔을 벌려 내 여동생을 안아 주었다.

3. (컴퓨터 프로그램 · 파일을) 열다

I can't open the file you sent me. 당신이 보낸 파일을 열 수 없어요.

● sent는 send의 과거형입니다.

He opened the attached file. 그는 첨부 파일을 열었다.

To open a file, click twice on the icon for it. 파일을 열려면 아이콘을 두 번 클릭해라.

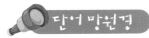 단어 망원경

eye 눈 mouth 입 map 지도 table 탁자 book 책 page 페이지 arm 팔 hug 꺼안다 sister 여자 형제 file 파일 send 보내다 attached file 첨부 파일 click 클릭하다 twice 두 번 icon 아이콘

Check_up

1. MP3를 잘 듣고 관련된 그림의 번호를 번호를 빈칸에 써 보세요.   Tr_09

❶ _____   ❷ _____   ❸ _____

| a.  | b.  | c.  |

2. 그림을 보고 동사 open를 써서 문장을 완성해 보세요.

❶ _____ the _____.

❷ The museum _____ at 10:30 a.m.

3. 그림과 어울리는 단어를 찾아 연결해 보세요.

①   •   •   post office

②   •   •   theater

③   •   •   park

④   •   •   hospital

⑤   •   •   zoo

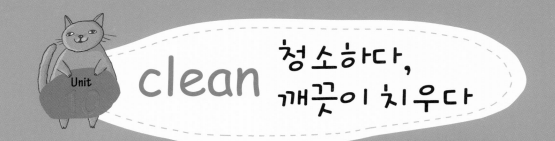

clean 청소하다, 깨끗이 치우다

오전에 방을 깨끗이 청소해도 오후가 되면 애들 옷이며 장난감이며
여기저기 널려 있어요. 치우라고 한마디 해야겠죠?

이때 쓸 수 있는 동사가 clean이에요. clean은 '깨끗하게 하다, 청소하다'라는 뜻이죠.

Clean the room! 방을 청소해라!

또 up과 같이 쓰면 강조의 표현으로 '깨끗이 치우다'라는 의미가 돼요.

Did you clean up the room? 방 깨끗이 치웠니?

'청소하다'의 clean

💬 집이나 방을 '깨끗하게 하다, 청소하다'는 동사 clean을 씁니다. clean 뒤에 깨끗이 청소해야 할 물건이나 장소 등을 써 주면 됩니다.

Let's Talk

Oh, this room is messy!
Let's clean the room!
이 방 더러운데! 방을 청소하자!

💬 messy는 '지저분한, 불결한'이라는 뜻입니다.

Let's Practice

Let's clean the _____ .

bathroom   living room   kitchen
욕실   거실   부엌

Mom's Guide

clean이나 wash 둘 다 무언가 깨끗이 하는 것을 뜻합니다.
그러나 몸을 씻는 것과 관련된 말을 할 때는 동사 wash를 써요.

'깨끗이 치우다'의 clean up

💬 '청소하다'라는 뜻의 clean이 up과 만나면, 한층 더 강조하는 의미로 '깨끗이 치우다'가 됩니다.

Let's Talk

How can I clean this up?
이걸 어떻게 청소해요?

Clean it up with a broom.
빗자루로 청소해.

💬 broom은 '빗자루'라는 뜻의 단어입니다.

Let's Practice

Clean it up with a _____ .

| mop | duster | sponge |
| 대걸레 | 먼지떨이 | 스폰지 |

Mom's Guide

with는 뒤에 사람이 오면 '~와 함께', 사물이 오면 '~을 가지고'라는 의미로 쓰여요.

68

clean이 들어간 표현들

clean은 '청소하다'라는 뜻의 단어입니다. 보통 clean은 몇몇 전치사(up, out, off 등)와 함께 쓰면 약간 뜻이 달라집니다. 우선 out과 함께 쓰면 '(밖으로) 쓸어 내다'라는 뜻이 되고, off와 함께 쓰면 '(물건에서) ~을 털어 내다'라는 의미가 됩니다. 그리고 clean 뒤에 up one's act를 쓰면 '행동을 고치다'라는 의미가 됩니다.

1. (깨끗하게) 쓸어 내다

Clean out the ashtray.　재떨이를 비워라.

He cleaned out the chimney.　그는 굴뚝 청소를 했다.

You need to clean out your ears.　귀 좀 청소하지 그래.

2. (물건에서) ~을 털어 내다, 닦아 내다

James cleaned the sweat off his face.　제임스는 얼굴의 땀을 닦아 냈다.

They use brooms to clean dirt off floors.
그들은 바닥에서 먼지를 치우는 데 빗자루를 사용한다.

Peter cleaned all the food off his plate.　피터는 접시에 있는 모든 음식을 싹 먹어 치웠다.

3. 행동을 고치다

Clean up your act.　행동을 조심해라.

He needs to clean up his act.　그는 행동을 고칠 필요가 있다.

Kate didn't clean up her act.　케이트는 그녀의 행동을 고치지 않았다.

단어 망원경

ashtray 재떨이　chimney 굴뚝　ear 귀　sweat 땀　broom 빗자루　dirt 먼지　floor 바닥　food 음식
plate 접시　act 행동

Check_up

1. MP3를 잘 듣고 다음 단어들 중 들려 주지 않은 단어를 고르세요. Tr_10

❶   duster   broom   mop   sponge

❷   living room   room   bathroom   kitchen

2. 그림을 보고 clean를 써서 문장을 완성해 보세요.

❶ Let's _____ the _____ .

❷ _____ it _____ with a _____ .

❸ Let's _____
the _____   _____ .

70

3. 집안을 청소하려고 해요. 각 장소를 무엇으로 청소하려고 하는지 선을 따라가서 확인하고, 빈칸에 알맞은 단어를 보기에서 골라 써 보세요.

| 보기 | room   mop   living room   duster   sponge

❶   **❷**   **❸**   **❹**

❶ Clean up the ___bathroom___ with a ___mop___ .

❷ Clean up the _____ with a _____ .

❸ Clean up the _____ with a _____ .

❹ Clean up the _____ with a _____ .

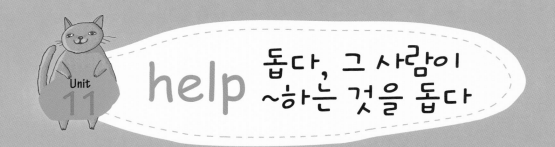

Unit 11

help 돕다, 그 사람이 ~하는 것을 돕다

가족끼리 서로 도와야 화목한 가정이 되겠죠?
help가 이럴 때 필요해요. 이 동사의 뜻은 '돕다'로 많이 들어 본 표현인
Help me!(날 도와줘!)처럼 뒤에 도와줄 사람을 쓰면 돼요.
여기에 「사람 + 동사」가 더해지면 '그 사람이 ~ 하는 것을 돕다'라는 의미가 됩니다.

I can help you make a snowman. 네가 눈사람을 만드는 걸 도와줄게.

'돕다'의 help

💬 누군가를 도와줄 때 쓸 수 있는 단어가 '돕다'의 help입니다. help 다음에 도와줄 사람을 쓰면 됩니다.

Let's Talk

 Help your father.
아버지를 도와 드려라.

 Yes, Mom.
알겠어요, 엄마.

💬 가족 명칭을 알아볼까요? father(아빠), mother(엄마), grandfather(할아버지), grandmother(할머니), uncle(삼촌), aunt(이모 · 고모) 등이 있습니다.

Let's Practice

Help your _____ .

mother
어머니

brother
남자 형제

sister
여자 형제

Mom's Guide

brother는 형 · 남동생 · 오빠 등을 포함한 남자 형제를, sister는 언니 · 누나 · 여동생 등을 포함한 여자 형제를 가리켜요.

'그 사람이 ~하는 것을 돕다'의 help

💬 help 다음에 〈사람+동사〉가 오면 '그 사람이 ~하는 것을 돕다'라는 뜻이 됩니다.

Let's Talk

 Help me make a sand castle, please.
모래성 만드는 것을 도와주세요.

 OK, wait!
알겠어, 기다려!

💬 make a sand castle은 '모래성을 만들다'라는 뜻입니다.

Let's Practice

Help me _____.

clean the room

방을 치우다

wash the car

세차하다

Mom's Guide

덧셈의 또 다른 표현을 알아볼까요? 흔히 알고 있는 plus를 쓰면 돼요.
3 plus 4 is 7. 3+4=7

help가 들어간 표현들

help는 '돕다'라는 뜻이지만 몇몇 경우 다른 단어들과 함께 쓰여 의미에 있어서 약간의 변화를 보이기도 합니다. 먼저 help oneself to는 '(음식을) 마음껏 먹다'라는 뜻입니다. 그리고 can not help −ing는 '∼하지 않을 수 없다'라는 뜻이 됩니다. 그리고 help가 동사가 아닌 명사로 사용되는 경우가 있는데, 이때 help는 '도움'이라는 뜻이 되어 ask for help는 '도움을 요청하다'라는 의미가 됩니다.

1. 마음껏 먹다

Help yourself.   마음껏 드세요

Help yourself to some fruit.   과일 좀 드세요

Tom helped himself to all the food from the refrigerator.
그는 냉장고 안의 모든 음식을 마음대로 먹었다.

2. ∼하지 않을 수 없다

I couldn't help laughing.   나는 웃지 않을 수 없었다.

● could는 can의 과거형입니다.

I can't help admiring him.   나는 그를 존경하지 않을 수 없다.

I can't help falling in love with you.   당신과 사랑에 빠지지 않을 수 없네요.

3. 도움을 요청하다

I guess I should ask for help.   도움을 요청해야 될 것 같아.

I'm sorry to ask for help again.   또 도움을 요청해서 죄송해요.

Don't be afraid to ask for help.   도움을 부탁하는 것을 어려워하지 말아요.

 단어 망원경 //

some 약간의   fruit 과일   all 모든   food 음식   refrigerator 냉장고   laugh 웃다   admire 존경하다
fall in love with ∼와 사랑에 빠지다   should ∼해야 한다   guess 추측하다   sorry 미안한   again 다시
afraid 두려운

1. MP3를 잘 듣고 다음 상황에 알맞은 그림을 고르세요.  Tr_11

2. 그림을 보고 help를 써서 문장을 완성해 보세요.

❶ _____ your brother.

❷ _____ me _____ the car, please.

❸ _____ me _____ a sand castle, please.

3. 희진이네 집이에요. 어디에 누가 있는지 보기에서 골라 빈칸에 써 보세요.

| 보기 | living room   sister   mother   bathroom

	장소	사람
❶		farher
❷	room	
❸		brother
❹	kitchen	

take 잡다, 누구에게 ~을 가지고 가다

Unit 12

take라는 동사는 참 많은 뜻을 갖고 있는데, 그 중에서 가장 많이 쓰이는 의미는 '잡다'예요.

Take my hand! 내 손을 잡아 줘!

또 「to + 사람」과 함께 쓰여 '누구에게 ~을 가지고 가다, 데리고 가다'의 의미가 되기도 합니다.

Take this to your teacher. 이걸 너희 선생님께 갖다 드려.

'잡다'의 take

💬 take는 여러 가지 다양한 뜻을 지닌 동사인데, 기본적인 뜻은 '잡다'입니다. I will take the ball. 의 take도 기본적인 뜻은 '잡다'입니다. 즉, '난 이 공을 잡을 것이다.'라는 뜻인데, 상황에 맞추어 보면 '이 공을 사겠다(갖겠다).'라는 의미가 되죠.

Let's Talk

 **Which do you want,
the ball or the candy?**
공과 사탕 중에 어떤 걸 원해?

 I will take the ball.
공을 가질래요.

💬 which는 여러 개 중에 하나를 선택할 때 쓰는 의문사입니다.

Let's Practice

I will take the _____.

doll | puzzle | marble(s)
인형 | 퍼즐 | 구슬

 **Mom's Guide**
여기서 take는 '~을 잡다', 다시 말해 '~을 선택하다'라는 의미가 됩니다.

'누구에게 ~을 가지고 가다'의 take

💬 'take'가 〈to+사람〉과 함께 사용되는 경우가 있는데, 이럴 경우 '누구에게 ~을 가지고 가다'라는 뜻을 갖게 됩니다. 즉, 〈take+물건+to+사람〉의 형식이 됩니다.

Let's Talk

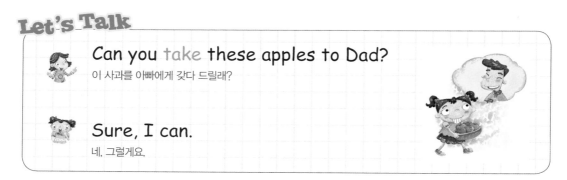

Can you take these apples to Dad?
이 사과를 아빠에게 갖다 드릴래?

Sure, I can.
네, 그럴게요.

💬 Sure은 '물론.'이라는 뜻으로 부탁이나 요청을 거리낌 없이 받아들일 때 쓰는 표현입니다.

Let's Practice

Can you take these ＿＿＿＿＿＿＿＿＿＿＿ to Dad?

orange(s)	grapes	banana(s)
오렌지	포도	바나나

Mom's Guide

take가 '어디로 가져(데려)가다'라는 뜻이라면, 동사 bring은 '어디로 가져(데려)오다'라는 뜻입니다. **Bring the book to me.** 그 책을 내게 갖다 줘.

take가 들어간 표현들

take는 정말 많은 뜻을 지닌 단어입니다. 그중 여러분이 기억해 두어야 할 몇몇 표현들만 말하기가 아쉬울 따름이네요. 먼저 take a shower는 '샤워를 하다'이며 shower 대신에 bath를 사용하면 '목욕을 하다'라는 뜻이 됩니다. 다음으로 take after가 있는데, 이 표현은 '~를 닮다'라는 의미입니다. 또한, '되돌려'라는 의미를 내포하는 back과 함께 쓰면 '도로 찾아가다'라는 뜻이 됩니다.

1. 샤워(목욕)하다

I take a shower every morning.　나는 매일 아침 샤워를 한다.

Can I take a shower before you?　나 먼저 씻어도 돼?

She takes a bath every night.　그녀는 밤마다 목욕을 한다.

2. ~를 닮다

I take after my grandfather.　나는 할아버지를 닮았다.

You take after your father.　넌 네 아버지를 닮았다.

I take after mother more than father.　난 아빠보다 엄마를 더 닮았다.

3. 도로 찾다

Please take this back.　이것 도로 가져가세요.

My aunt took back her ring.　고모가 반지를 도로 가져갔다.

● took은 take의 과거형입니다.

I will take back my words.　내가 한 말 취소할게요.

● 뱉은 말을 도로 가져가는 것은 '자신이 한 말을 취소하다'라는 뜻이 되겠죠.

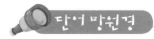
단어 망원경

every morning 매일 아침　**before** 전에　**night** 밤　**grandfather** 할아버지　**father** 아버지　**mother** 할머니　**aunt** 고모, 이모　**ring** 반지　**words** 말

1. MP3를 잘 듣고 무엇에 대해 말하고 있는지 고르세요. Tr_12

1

a.  b.  c.

2

a.  b.  c.

2. 그림을 보고 take를 써서 문장을 완성해 보세요.

1 A Which one do you want, the marble or the puzzle?

   B I will _____ the _____ .

2 A Can you _____ these _____ to Dad?

   B Sure, I can.

3. 단어 퍼즐에서 그림에 해당하는 단어를 찾아 동그라미 하세요.

①		②		③			
p	u	s	l	e	d	o	l
m	b	a	n	a	o	r	p
a	p	b	g	o	l	a	u
j	m	a	r	b	l	e	z
j	b	n	a	u	o	l	z
g	r	a	p	e	s	y	l
e	y	n	d	r	e	z	e
o	r	a	n	g	e	q	f

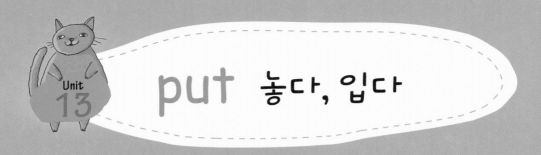

put 놓다, 입다

아무 데나 놔둔 물건을 제자리에 챙겨 놓으라고 할 때 바로 동사 put이 필요해요. put은 '놓다'라는
의미로 on과 같이 쓰이면 '~위에 놓다', in과 쓰이면 '~안에 넣다'라는 뜻이에요.

Put the book on the table. 책을 탁자 위에 놔.

또 바로 뒤에 on이 오면 '옷을 입다, 모자를 쓰다, 신발을 신다'의 뜻으로
동사 wear와 비슷한 의미가 됩니다.

Put on your coat. 코트를 입어.

Put **on your scarf.**
스카프를 매.

Put **the tomato on the table.**
탁자 위에 토마토를 놓아라.

'놓다'의 put

💬 put의 기본적인 뜻은 '놓다'입니다. 따라서 '책상 위에 A를 놓아라.'라고 하려면 Put A on the desk.라고 하고, '상자 안에 A를 넣어라(놓아라).'라고 하려면 Put A in the box.라고 합니다.

Let's Talk

 ### Where can I put the carrot?
당근을 어디에 놓을까요?

 ### Put the carrot on the table.
당근을 탁자 위에 올려 놔.

💬 on은 '~위에'라는 의미의 전치사입니다. 참고로 in은 '~안에'라는 뜻이고, under는 '~아래에'라는 뜻입니다.

Let's Practice

Put the _____ on the table.

potato
감자

tomato
토마토

corn
옥수수

Mom's Guide

'야채'를 영어로 vegetable이라고 합니다.

'입다'의 put

💬 put 뒤에 바로 on을 붙이면 '~을 입다'라는 뜻이 됩니다. 즉, '입다'의 wear와 비슷한 의미가 되는데, 뜻의 미묘한 차이를 말하자면 put on은 '입다'라는 동작을 강조하는 반면에 wear는 '입고 있는' 상태에 중점이 두고 있습니다.

Let's Talk

 It's so cold outside.
밖에 너무 추워요.

 Put on your mittens .
벙어리장갑을 껴.

💬 mitten은 '벙어리장갑'으로 두 짝이므로 뒤에 s를 붙여 복수형으로 사용합니다. 마찬가지로 gloves(장갑), socks(양말), shoes(신발)도 복수형으로 씁니다.

Let's Practice

Put on your _____ .

cap	boots	scarf
모자	부츠	머플러

put이 들어간 표현들

put은 take와 마찬가지로 정말 많은 뜻을 지닌 단어지만 여기에서는 몇몇 표현들만 언급할게요. 먼저 put이 aside(옆쪽에)라는 단어와 함께 오면 두 가지 뜻을 갖게 됩니다. 첫 번째로 '치우다'라는 뜻, 그리고 '저축하다'라는 뜻을 갖게 돼요. 그리고 put이 off와 함께 오면 '미루다'라는 의미가 됩니다.

1. 치우다, 저축하다

Put your toys aside.　장난감 좀 치워.

Let's put aside some money.　돈 좀 비축하자.

Did you put aside any money?　돈 좀 따로 모아놓은 거 있어?

2. 미루다

They put off the meeting.　그들은 회의를 미뤘어요.

We're going to put off the party.　파티를 미룰 예정이에요.

● be going to는 '~할 예정이다'라는 의미입니다.

Why don't you put off your visit till tomorrow?　내일 이후에 오는 게 어때?

● Why don't you ~?는 '~하는 게 어때?'라는 뜻입니다.

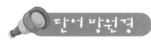 단어 망원경 ///////////////////////////////////////

toy 장난감　some 약간의　money 돈　any 어느 정도　meeting 회의　party 파티　visit 방문　till ~까지　tomorrow 내일

1. MP3를 잘 듣고 대화에서 말하고 있는 것을 고르세요. Tr_13

1

a. 　　　b. 　　　c.

2

a. 　　　b. 　　　c.

2. 그림을 보고 put를 써서 문장을 완성해 보세요.

1　A ＿＿＿＿＿＿＿ the ＿＿＿＿＿＿＿ on the table.

　　B　Yes, Mom.

2　＿＿＿＿＿＿＿ on your ＿＿＿＿＿＿＿.

3. 각 신체 부위에 알맞은 의복을 찾아 연결한 다음, 빈칸에 알맞은 이름을 보기에서
   골라 써 보세요.

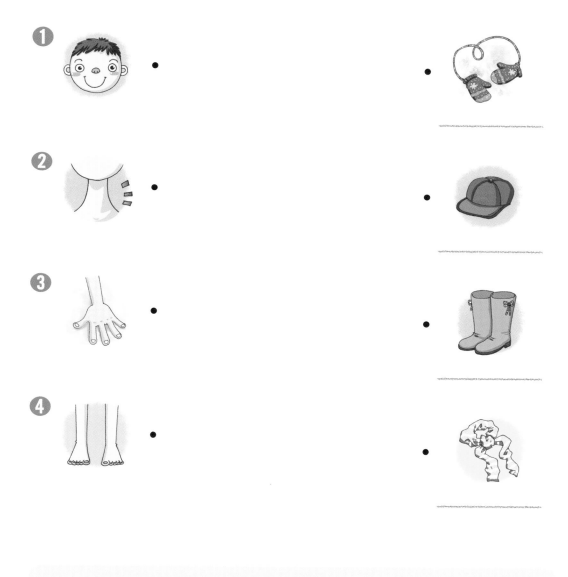

|보기| mittens   boots   cap   scarf

meet 만나다

친구를 만나거나, 친척을 만날 때 '만나다'의 뜻을 가진 동사 meet를 사용할 수 있어요.
meet 바로 뒤에 만나는 사람을 쓰면 돼요.

I'll meet my cousin at 3:00 p.m. 사촌을 오후 3시에 만날 거야.

또 어떤 사람을 처음 만났을 때도 meet를 써서 인사할 수 있어요.

Glad to meet you. 만나서 반가워.

'만나다'의 meet

💬 meet은 '만나다'라는 뜻으로 친구나 친척을 만날 때 쓸 수 있는 단어입니다. meet 바로 뒤에 만나는 사람을 쓰면 '누구를 만나다'라는 뜻이 되죠.

Let's Talk

 Who are you going to meet?
누구를 만날 예정이야?

 I'm going to meet my uncle.
삼촌을 만날 예정이야.

💬 be going to는 '~할 예정이다'라는 뜻으로 가까운 미래를 나타낼 때 쓰는 표현입니다.

Let's Practice

I'm going to meet my _____.

cousin
사촌

grandparents
조부모

aunt
이모, 고모

Mom's Guide

be(am/are/is) going to는 '~할 예정이다'라는 뜻으로 가까운 미래에 일어날 일을 말할 때 씁니다.

'만나다'의 meet

💬 '만나다'라는 뜻의 meet은 처음 만나는 사람을 소개할 때도, 또 소개받고 '만나서 반가워.'라고 말할 때도 사용할 수 있어요. 어떻게 사용되는지 한번 볼까요?

Let's Talk

 I'd like you to meet Katie.
너에게 Katie를 소개시켜 줄게.

 Nice to meet you, Katie.
Katie, 만나서 반가워.

💬 I'd like you to meet Katie.는 I will introduce Katie to you.라고 바꿔 쓸 수 있습니다. 여기서 introduce는 '소개하다'라는 뜻의 동사입니다.

💬 Nice to meet you.는 Glad to meet you.라고 바꿔 말할 수 있습니다.

Let's Practice

I'd like you to meet _____.

Paul
폴

Tom
탐

Sally
샐리

Mom's Guide

I'd like to는 I would like to의 줄임말로 '~하기를 원한다'라는 뜻입니다.

meet이 들어간 표현들

meet은 '만나다'라는 뜻의 동사입니다. 그런데 이 '만나다'도 경우에 따라 약간 미묘한 차이가 있어요. 즉, 우연히 만나는 경우가 있고, 또 의도적으로 만나는 경우가 있어요. 그리고 처음 만나는 경우도 있고요. 각 경우에 따라 예문이 달려 있으니 자세히 읽어 보세요.

1. (우연히) 만나다

We will meet again some time. 언젠가 우린 다시 만날 거예요.

Did you meet Tom in town? 시내에서 톰 만났니?

I met Kate on the road. 나는 길에서 케이트를 만났다.

● met은 meet의 과거형입니다.

2. (의도적으로) 만나다

Let's meet for a dinner after work. 퇴근 후에 만나서 저녁하자.

I will meet you there at 6:30. 6시 30분에 거기서 널 만납시다.

We agreed to meet on Friday. 우린 금요일에 만나기로 동의했다.

● agree to는 '~하는 데 동의하다'라는 뜻입니다.

3. (처음) 만나다

We met at school. 우린 학교에서 만났다.

I met Barbara in New York. 난 바바라를 뉴욕에서 만났다.

Come and meet my brother, David. 와서 내 남동생 데이비드를 만나 봐.

 단어 망원경

again 다시 some time 언젠가 town 시내 road 도로 dinner 저녁 식사 after work 퇴근 후
there 거기에서 agree 동의하다 Friday 금요일 school 학교 come 오다 brother 남동생

1. MP3를 잘 듣고 누구를 만날 예정인지 고르세요. Tr_14

❶

a. 　　b. 　　c.

❷

a. 　　b. 　　c.

2. 그림을 보고 meet를 써서 문장을 완성해 보세요.

❶ A　Who are you going to meet?

　　B　I'm going to ＿＿＿＿＿＿ my ＿＿＿＿＿＿ .

❷ A　I'd like you to meet Paul.

　　B　Nice to ＿＿＿＿＿＿ you, Paul.

3. 다음 가계도를 보고, 나와 어떤 관계에 있는 사람들인지 보기에서 알맞은 단어를 골
   라 빈칸에 써 보세요.

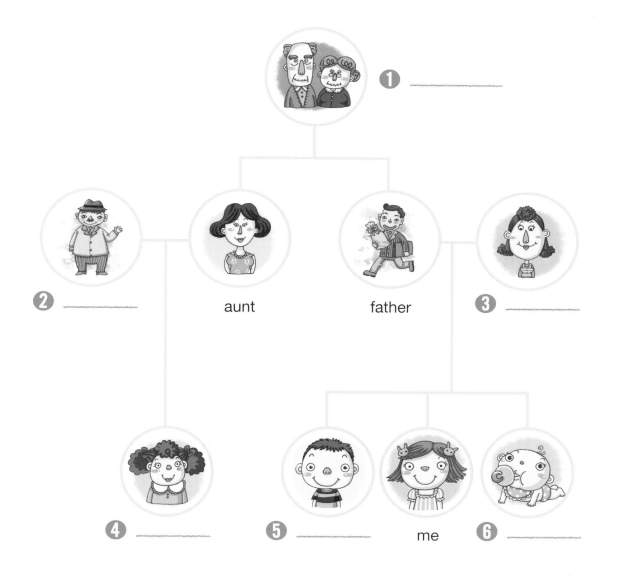

① _____

② _____   aunt   father   ③ _____

④ _____   ⑤ _____   me   ⑥ _____

| 보기 | brother   grandparents   cousin   sister   uncle   mother

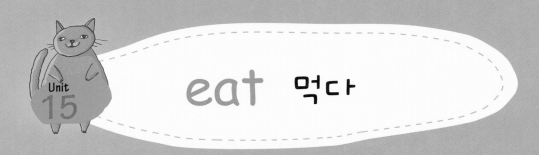

eat 먹다

eat은 '먹다'라는 뜻이에요. 혼자 쓰일 수도 있고 뒤에 음식 이름이 오기도 해요.

I eat bread for breakfast. 난 아침으로 빵을 먹어요.

또 뒤에 식사 이름이 와서 '아침/점심/저녁 식사를 하다'라는 뜻도 된답니다.

Eat your breakfast. 아침을 먹어라.

'먹다'의 eat

eat은 '먹다'라는 뜻으로, 밥이나 간식을 먹을 때 사용할 수 있는 단어입니다. 즉, '밥을 먹는다.'라고 할 때 I eat rice.라고 하면 되죠. 이처럼 eat 뒤에 먹는 음식 이름을 쓰는 경우도 있지만, eat은 혼자서도 쓰여요. 예를 들면, I'm eating.(나는 먹고 있다.)과 같이.

Let's Talk

Can I eat some candy?
사탕 좀 먹어도 되나요?

Sure, you can.
물론이지.

candy도 sugar(설탕), salt(소금), water(물), milk(우유), juice(주스)처럼 셀 수 없는 명사예요. 따라서 앞에 a/an을 붙이거나 복수형을 만들 수가 없어요.

Let's Practice

Can I eat some _____.

cookies
쿠키

chocolate
초콜릿

ice cream
아이스크림

'먹다'의 eat

💬 아침, 점심, 저녁 식사를 할 경우에도 '먹다'의 eat을 씁니다. 이 경우에 eat 대신에 **have**를 써도 됩니다.

Let's Talk

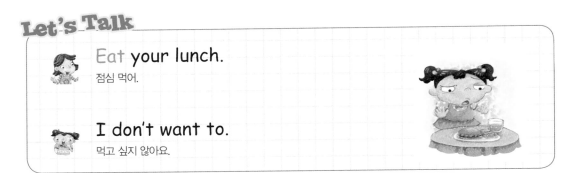

Eat your lunch.
점심 먹어.

I don't want to.
먹고 싶지 않아요.

💬 I don't want to 다음에 eat lunch가 생략되어 있어요.

Let's Practice

Eat your _____.

breakfast
아침 식사

dinner
저녁 식사

Mom's Guide

가벼운 식사 또는 간식은 snack이라고 합니다.

Further Study

심화학습

eat이 들어간 표현들

eat이 '안에'라는 뜻의 in과 만나면 '안에서 먹다'라는 뜻이 되는데, 이 경우 주로 집에서 먹는 것을 의미합니다. 그리고 '밖에'라는 뜻의 out과 만나면 '밖에서 먹다'라는 뜻이 되는데, 이 경우 외식을 뜻하고요. 또한, eat을 like a bird와 함께 쓰면 '새처럼 먹다', 즉 매우 조금 먹는 것을 나타내고, like a horse와 함께 쓰면 '아주 많이 먹다'라는 뜻이 됩니다.

1. 안에서 먹다, (집에서) 먹다

You must not eat in the classroom.　교실에서 음식을 먹어서는 안 돼.

● must not은 '~해서는 안 되다'라는 뜻입니다.

Can I eat in the shop?　가게 안에서 먹어도 되나요?

Come to my house and eat in together.　우리 집에 와서 함께 식사해요.

2. 외식하다

Let's eat out tonight.　오늘 밤은 나가서 먹자.

They usually eat out on Sundays.　그들은 일요일마다 외식을 한다.

I don't like to eat out.　난 나가서 먹고 싶지 않아.

3. 조금 먹다

I eat like a bird.　난 조금 먹는다.

She eats like a bird.　그녀는 소식가이다.

If you want to lose weight, eat like a bird.　살을 빼고 싶으면 조금 먹어라.

4. 많이 먹다

I eat like a horse.　나는 엄청 먹어요.

Tom eats like a horse.　톰은 대식가이다.

Kate is thin but she eats like a horse.　케이트는 말랐지만 많이 먹는다.

단어 망원경

classroom 교실　shop 가게　house 집　together 함께　tonight 오늘밤　Sunday 일요일　lose weight 살을 빼다　bird 새　horse 말　thin 마른

1. MP3를 잘 듣고 무엇을 먹고 싶어하는지 고르세요. Tr_15

①

a. 　　b. 　　c.

②

a. 　　b. 　　c.

2. 그림을 보고 eat를 써서 문장을 완성해 보세요.

① A　Can I _____ some _____?

　　B　Sure, you can.

② A　_____ your _____.

　　B　I don't want to.

3. 메뉴판에 있는 음식들을 보고 아침, 점심, 저녁 식사로 무엇을 먹고 싶은지 식단을
   꾸며 보세요.

soup

orange

salad

rice

pasta

potato

bread

pie

bananas

breakfast	lunch	dinner

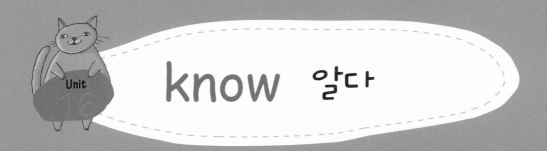

know 알다

요즘 아이들은 텔레비전이나 인터넷을 통해 보고 듣는 게 많아서인지 아는 것도 참 많고 다양해요.
이렇게 '알다'라는 뜻의 동사로 know가 있어요.
어떤 사람을 알 수도 있고, 어떤 사실이나 정보 등을 알 수도 있고…….
아는 것이 많을 수록 이 동사를 많이 쓸 수 쓰겠죠?
I know that man. 난 저 남자를 알아.

'알다'의 know

 know는 '알다'라는 의미로, 어떤 사람이나 어떤 사실·정보를 알고 있다고 말할 때 쓸 수 있는 동사입니다. 이번에는 어떤 사람을 알고 있을 때 know를 어떻게 사용하는지 알아봅시다.

Let's Talk

Do you know that child?
저 아이를 아니?

No, I don't know that child.
아뇨, 저 애 몰라요.

 don't는 be 동사를 제외한 일반 동사를 부정문으로 만들 때 필요한 단어로, 일반 동사 앞에 옵니다. 꼭 기억하세요. 참고로 be 동사(am, are, is)의 부정문에는 be 동사 뒤에 not이 옵니다.
I am not hungry. (난 배고프지 않아요.)

Let's Practice

Do you know that _____.

boy
소년

girl
소녀

baby
아기

Mom's Guide

child(아이)의 복수형은 children(아이들)이에요.

103

'알다'의 know

💬 이번 페이지에서는 know를 어떤 사실이나 정보를 알고 있다고 말할 때 어떻게 쓰는지 알아볼게요.

Let's Talk

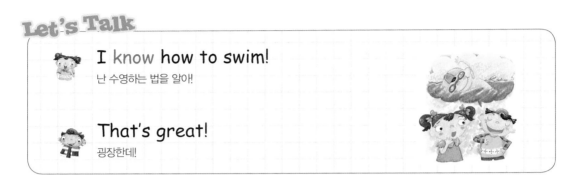

I know how to swim!
난 수영하는 법을 알아!

That's great!
굉장한데!

💬 how to는 '~하는 방법'이라는 뜻으로 know와 많이 씁니다.

Let's Practice

I know **how to** _____.

ski	dance	skate
스키를 타다	춤추다	스케이트를 타다

Mom's Guide

how to 다음에는 동사가 옵니다. 즉, 「how to + 동사」의 형식으로 씁니다.

know가 들어간 표현들

know가 '알다'라는 의미인 것을 앞에서 배웠습니다. 그런데 이 '알다'의 개념이 경우에 따라 약간씩 차이가 있는데, 어떻게 다른지 살펴볼게요.

1. ~라고 생각하다(보고 있다, 확신하고 있다)

I know he is a liar.   나는 그가 거짓말쟁이임을 알고 있다.

I know Kate is honest.   나는 케이트가 정직한 걸 알고 있다.

We know that Peter is a great actor.   피터는 모두가 인정하는 위대한 배우이다.

2. ~와 아는 사이이다

I have known Peter for a long time.   난 피터를 오랫동안 알아 왔다.

I have known Susan since childhood.   난 어린 시절부터 수잔을 알아 왔다.

I have known her since I was a child.   어릴 때부터 그녀를 알고 있다.

● have known은 현재완료 시제로, 누군가를 과거부터 현재까지 알아 온 경우에 씁니다.

3. 분간하다, 식별하다

Can you know a goat from a sheep?   넌 염소랑 양을 구별할 줄 아니?

We should know good from evil.   우리는 선악을 구별할 줄 알아야 한다.

He doesn't know rice from barley.   그는 쌀과 보리를 구별할 줄 모른다.

● '분간하다, 식별하다'의 의미로 사용할 때는 know A from B의 형식으로 많이 씁니다. 즉, 'A를 B와 분간하다'입니다.

 단어 망원경

liar 거짓말쟁이   honest 정직한   great 위대한   actor 배우   for a long time 오랫동안   since ~때부터
childhood 어린 시절   child 아이   goat 염소   sheep 양   good 선   evil 악   rice 쌀   barley 보리

1. MP3를 잘 듣고 대화 속에서 말하고 있는 것을 고르세요. Tr_16

①

a.

b.

c.

②

a.

b.

c.

2. 그림을 보고 know를 써서 문장을 완성해 보세요.

① A Do you _____ that _____ ?

   B No, I don't.

② A I _____ how to _____ .

   B That's great!

3. 보기의 단어를 활용하여 퍼즐을 풀어 보세요.

|보기| **marble girl cap sponge boots door corn kitchen**

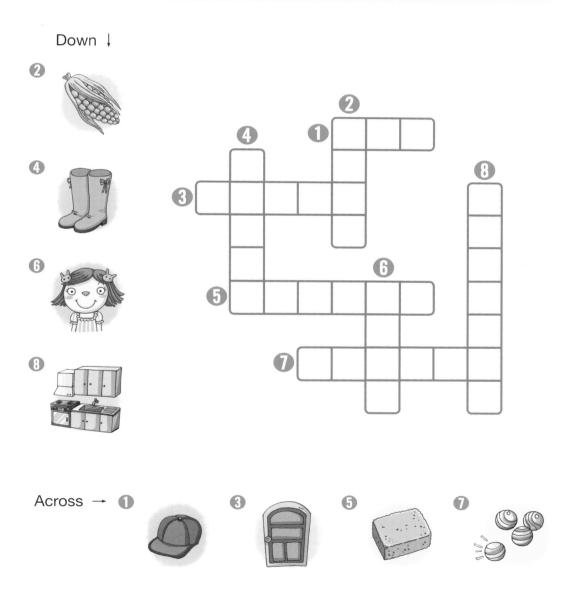

Down ↓

Across →

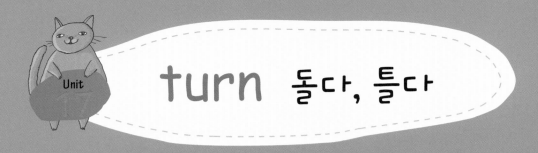

turn 돌다, 틀다

방향을 알려주며 "쭉 가서 왼쪽으로 돌아."라고 할 때, 여기서 '돌다'라는 뜻의 동사는 turn이에요.

Turn to the left. 왼쪽으로 돌아.

to는 '~로'라는 방향을 정해 주는 역할을 하죠.

또 turn 바로 뒤에 on를 쓰면 '전등, 텔레비전 등을 켜다'라는 의미가 된답니다.

Turn on the TV. 텔레비전을 켜.

'돌다'의 turn

💬 turn은 '돌리다'라는 의미이지만, 보통 길에서 방향을 알려주는 데 많이 쓰는 동사입니다. 이 때 turn은 보통 to the right, to the left와 함께 쓰이며 '돌다'라는 뜻을 나타냅니다.

Let's Talk

 Which way do I go?
어떤 길로 가요?

Turn to the right.
오른쪽으로 돌아.

💬 which는 선택을 해야 할 경우 사용하는 의문사입니다.
💬 right는 '오른쪽'이고, left는 '왼쪽'입니다.

Let's Practice

Turn to the _____.

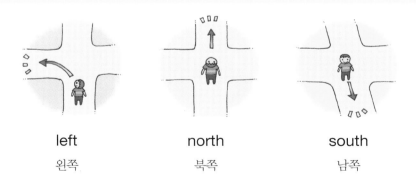

left	north	south
왼쪽	북쪽	남쪽

Mom's Guide

'동쪽'을 east, '서쪽'을 west라고 합니다.

'틀다'의 turn

turn 뒤에 전치사 on을 붙이면 '틀다'라는 뜻을 나타냅니다. TV나 라디오를 켜거나 전등불, 수돗물을 틀 때 쓰는 표현입니다. 실생활에서 많이 쓰는 표현이니 잘 알아두세요.

Let's Talk

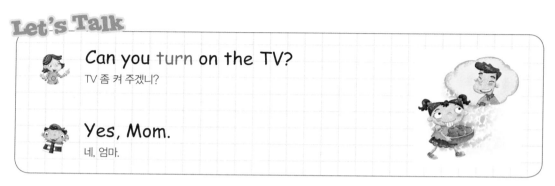

Can you turn on the TV?
TV 좀 켜 주겠니?

Yes, Mom.
네, 엄마.

turn on의 반대말은 turn off(끄다, 잠그다)입니다. Turn off the radio.(라디오 좀 꺼 줘.)

Let's Practice

Can you turn on the _____ ?

radio
라디오

light
전등

stove
가스레인지

Mom's Guide

turn on은 수돗물을 틀 때도 사용합니다.
Turn on the water. 수돗물을 틀어라.

110

turn이 들어간 표현들

turn은 여러 전치사와 함께 쓰이며 다양한 뜻을 갖습니다. 예를 들어, turn down은 '불이나 소리 등을 약하게 하다'라는 뜻을 갖고, turn up은 정반대로 '불이나 소리 등을 강하게 하다'라는 의미입니다. 또한, turn back은 '돌아가다'라는 뜻을, turn into는 '변하다'라는 의미가 됩니다.

1. (램프, 가스 등) 불을 약하게 하다, (텔레비전, 라디오 등) 소리를 줄이다

   Can you turn down that television? 텔레비전 소리 좀 줄여 줄래?

   Would you turn down the music? 음악 소리 좀 줄여 줄래요?

   Please turn down the air conditioner. 에어컨을 약하게 해 주세요.

2. (램프, 가스 등) 불을 강하게 하다, (텔레비전, 라디오 등) 소리를 크게 하다

   Turn up your radio. 네 라디오 소리 좀 높여 봐.

   Will you turn up the music? 음악 소리 좀 크게 해 줄래요?

   Don't turn up the volume at night. 밤에는 볼륨을 크게 하지 마라.

3. 돌아가다

   I can't turn back now. 난 지금 물러날 수 없다.

   They had to turn back because of the snow. 그들은 눈 때문에 돌아가야만 했다.

   ● had to는 '~해야만 했다'라는 의미이며 because of는 '~때문에'라는 뜻입니다.

   It's getting dark, so we had better turn back. 날씨가 어두워지니 돌아가는 게 좋겠다.

   ● had better는 '~하는 것이 낫다'라는 의미입니다.

4. 변하다

   Caterpillars turn into butterflies. 애벌레는 나비로 변한다.

   Tadpoles turn into frogs. 올챙이는 개구리로 변한다.

   Water turns into ice when it freezes. 물은 얼면 얼음이 된다.

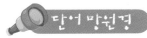
단어 망원경

television 텔레비전 music 음악 air conditioner 에어컨 radio 라디오 volume 볼륨 night 밤 snow 눈 dark 어두운 caterpillar 애벌레 butterfly 나비 tadpole 올챙이 frog 개구리 water 물 ice 얼음 freeze 얼다 try 시도하다

1. MP3를 잘 듣고 알맞은 그림을 고르세요. Tr_17

①

a.
b.
c.

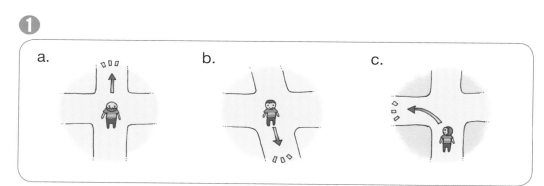

②

a.
b.
c.

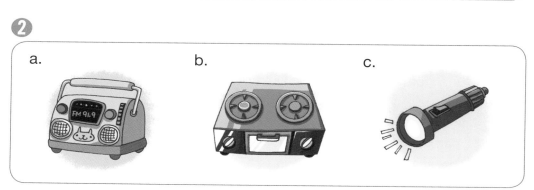

2. 그림을 보고 turn을 써서 문장을 완성해 보세요.

① A Which way do I go?

B ＿＿＿＿＿＿＿＿ to the ＿＿＿＿＿＿ .

② A Can you ＿＿＿＿＿＿ on the ＿＿＿＿＿＿ ?

B Yes, Mom.

3. 다음 그림에 숨어 있는 것들이 무엇일까요? 보기 중에서 골라 동그라미 하세요.

| 보기 |　　radio　　　flower　　　pencil　　　sock　　　pot

get 가져오다, 도착하다

앞에서 배운 take도 많은 뜻이 있지만 동사 get도 아주 다양한 뜻을 갖고 있어요.
그 중 가장 많이 쓰는 의미는 '얻다, 가지다, 가져오다'입니다.

Get your hat. 모자를 가져 와.

또 「get to + 장소」의 형태가 되면 '~에 도착하다'라는 의미가 돼요.

I'll get to the theater by 1 o'clock. 난 1시까지 극장에 도착할 거야.

'가져오다'의 get

💬 get의 원뜻은 '얻다'이지만 이번에는 '가져오다'라는 의미로 쓰이는 get을 살펴볼게요. 많이 쓰는 표현이니 잘 알아두세요.

Let's Talk

 Go and get some water.
가서 물 좀 갖다 줘.

 All right.
알았어요.

💬 water은 juice, milk와 마찬가지로 셀 수 없는 명사입니다. 따라서 앞에 a/an을 붙이거나 복수형을 쓰지 않죠!

Let's Practice

Go and get some _____ .

juice
주스

milk
우유

soda
소다수

 Mom's Guide

음료를 '마시다'라는 동사는 drink예요.

'도착하다'의 get

💬 get 다음에 장소가 올 경우 '도착하다'라는 뜻이 됩니다. 보통 「get to + 장소」의 형식으로 많이 사용합니다. 단, get 다음에 home, here, there가 올 경우에는 to가 오지 않는 것 기억하세요. home, here, there는 전치사 없이 사용합니다.

Let's Talk

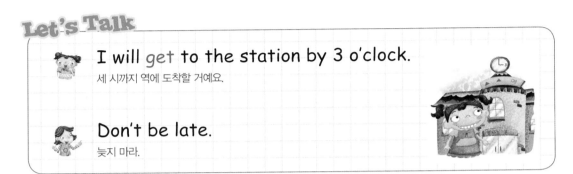

I will get to the station by 3 o'clock.
세 시까지 역에 도착할 거예요.

Don't be late.
늦지 마라.

💬 be late은 '늦다'라는 의미의 표현입니다.

Let's Practice

I will get to the _____ by 3 o'clock.

subway station
전철역

bus stop
버스 정거장

airport
공항

Mom's Guide

by는 시간과 함께 오면 '~까지'라는 뜻입니다.

116

get이 들어간 표현들

같이 쓰이는 전치사에 따라 get의 뜻이 어떻게 달라지는지 볼까요? get 뒤에 up이 오면 '일어나다'라는 뜻이고, on이 오면 '(버스·기차 등에) 타다'라는 뜻이 됩니다. 반면에 get 뒤에 off가 오면 이와는 정반대인 '(버스·기차 등에서) 내리다'라는 뜻이 됩니다.

1. 일어나다

Tom always gets up early.   톰은 항상 일찍 일어난다.

I usually get up at 7 in the morning.   나는 보통 아침 7시에 일어난다.

Jill got up late this morning.   질은 오늘 아침 늦게 일어났다.

● got은 get의 과거형입니다.

2. (버스·기차 등에) 타다

Let's get on the train.   열차를 타자.

He got on the wrong bus.   그는 버스를 잘못 탔다.

Get on the bus on the other side of the street.   길 건너편에서 버스를 타.

● 승용차나 택시를 탈 경우에는 get in을 사용합니다.

3. (버스·기차 등에서) 내리다

Let's get off the bus.   버스에서 내리자.

Get off at the next stop.   다음 정류장에서 내리세요.

Can you tell me where to get off?   어디서 내릴지 알려주실래요?

● 승용차나 택시에서 내릴 경우에는 get out of를 사용합니다.

 단어 망원경

always 항상   early 일찍   usually 보통   morning 아침   late 늦은   train 기차   wrong 틀린   bus 버스   other 다른   side 쪽   street 거리   next 다음의   stop 정류장   tell 이야기하다   where 어디에

Check_up

1. MP3를 잘 듣고 대화 속에서 나오는 것이 무엇인지 고르세요. Tr_18

①

a.

b.

c.

②

a.

b.

c.

2. 그림을 보고 get를 써서 문장을 완성해 보세요.

① A Go and _____ some _____.

B All right.

② A I'll _____ to the _____

at 2 o'clock.

B Don't be late.

3. 다음 그림에 나오는 교통을 이용하려면 어디로 가야 하는지 알맞은 장소의 그림을
   연결하고, 각 장소의 이름을 보기에서 골라 써 보세요.

❶    •   •

_____

❷    •   •

_____

❸    •   •

_____

| 보기 | **bus stop**   **airport**   **subway station**

buy 사다, 사 주다

아이가 자기 생일이 다가오면 이걸 사 달라, 저걸 사 달라 요구 사항이 많아지죠.
이 기회에 동사 buy를 사용해서 영어 한 마디 더 해 보는 건 어떨까요?
buy는 '사다'라는 의미로 그 뒤에 사야 할 물건의 이름이 옵니다.

I want to buy a new desk. 난 새 책상을 사고 싶어요.
또 「buy + 사람 + 물건 이름」의 형태가 되면 '그 사람에게 물건을 사 주다'라는 의미가 됩니다.

I'll buy him a book. 그 애에게 책 한 권 사 줘야지.

'사다'의 buy

💬 '사다'의 buy는 어떤 물건을 사거나 쇼핑할 때 많이 쓰는 동사입니다. 이 경우, 보통 buy 다음에 사고 싶은 물건을 뒤에 쓰면 됩니다.

Let's Talk

 What do you want to buy?
넌 무엇을 사고 싶니?

 I want to buy a cat.
고양이를 사고 싶어요.

💬 want to ~는 '~하고 싶다'라는 뜻으로 뒤에 동사 원형이 옵니다.

Let's Practice

I want to buy a _____.

dog	rabbit	snake
개	토끼	뱀

Mom's Guide

'애완 동물'을 pet이라고 해요.

121

'사 주다'의 buy

💬 보통 친구들 생일에 친구에게 선물을 사 주죠. 이렇게 누구에게 어떤 물건을 사 줄 때 사용하는 단어가 buy로, 그 뜻은 '사 주다'입니다. 이 경우, 주로 「buy + 사람 + 물건 이름」의 형태로 씁니다. 잘 기억하세요.

Let's Talk

 What do you want for your birthday?
생일 선물로 무엇을 원하니?

 Please buy me a bat.
야구 방망이를 사 주세요.

💬 What do you want for ~?은 '~으로 뭘 원하니?'라는 뜻의 표현입니다. 이 표현을 쓴 예시 문장을 들자면, What do you want for lunch? (점심으로 뭘 먹을래?)가 있습니다.

Let's Practice

Please buy me a _____ **.**

bag	desk	kite
가방	책상	연

buy가 들어간 표현들

여러분, buy는 '사다, 사 주다'라는 뜻인 것 다 알고 있죠? 여기에서는 buy가 다른 단어들과 함께 어떻게 사용되는지 알아봅시다. 먼저 buy time은 '시간을 벌다'라는 뜻이고요, 다음으로 buy up은 '다 사버리다'라는 뜻입니다.

1. 시간을 벌다

Kate has to buy time.　케이트는 시간을 벌어야만 한다.

● have to는 '~해야만 하다'라는 뜻입니다.

To buy time, Sara kept talking.　세라는 시간을 벌기 위해 계속 떠들었다.

● kept는 keep의 과거형으로, keep -ing는 '계속 ~했다'라는 뜻입니다.

Peter needs to buy time for his presentation.

피터는 발표에 관해서 시간을 벌 필요가 있다.

● need to는 '~할 필요가 있다'라는 뜻입니다.

2. 다 사 버리다

They bought up all the land on the island.　그들은 그 섬에 있는 모든 땅을 샀다.

● bought는 buy의 과거형입니다.

Somebody bought up all the vacuums cleaners in the town.

누군가가 마을에 있는 모든 진공청소기를 다 사버렸다.

He fails to buy up all the toys in that store.

그는 저 가게에 있는 장난감을 다 사는 데 실패했다.

● fail to는 '~하는 데 실패하다'라는 뜻입니다.

 단어 망원경

talk 이야기하다　presentation 발표　ask 묻다　all 모든　land 땅　island 섬　somebody 누군가
vacuum cleaner 진공청소기　town 마을　fail 실패하다　toy 장난감　store 가게

Check_up

1. MP3를 잘 듣고 생일 선물로 받고 싶은 것이 무엇인지 고르세요. Tr_19

1

| a.  | b.  | c.  |

2

| a.  | b.  | c.  |

2. 그림을 보고 buy를 써서 문장을 완성해 보세요.

1 I want to _____ a _____.

2 A What do you want for your birthday?

B Please _____ me a _____ .

3. 그림을 보고 빈칸에 알맞은 알파벳을 넣어 단어를 완성하세요.

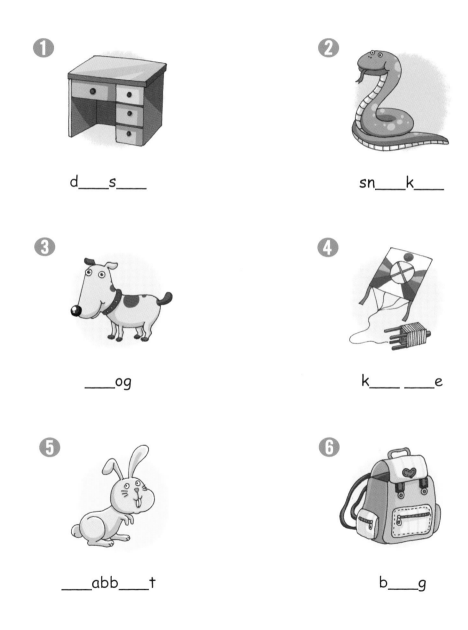

❶ d___s___

❷ sn___k___

❸ ___og

❹ k___ ___e

❺ ___abb___t

❻ b___g

use 사용하다

컴퓨터, 핸드폰, 디지털카메라…….
요즘 아이들과 대화를 하려면 이 정도 기기는 사용할 수 있어야 하는데, 참 힘들죠?
use는 '~을 사용하다'라는 의미입니다. 뒤에 돈이나 시간과 관련된 단어가 올 수도 있고 도구와 관련된 단어 등이 오기도 한답니다.

Don't use a knife. 칼을 사용하지 마.

'사용하다'의 use

요즘 컴퓨터, 핸드폰, 디지털카메라가 눈부실 정도로 많이 발전했죠. 여러분은 이런 기기들을 능숙하게 사용할 줄 아나요? 이럴 때 사용하는 동사가 '사용하다'의 use입니다. 보통 use 뒤에 사용하는 물건 이름을 쓰면 됩니다.

Let's Talk

 May I use your computer?
네 컴퓨터를 사용해도 되니?

 Yes, you may.
응, 사용해도 돼.

may는 '~해도 좋다'라는 뜻의 조동사입니다. 다른 조동사와 마찬가지로 may 뒤에는 동사 원형이 옵니다.

Let's Practice

May I use your _____ .

camera
카메라

telephone
전화

car
자동차

Mom's Guide

May ~?는 '~해도 되나요?'라는 뜻으로 허락을 구할 때 쓰는 표현입니다.

'사용하다'의 use

식사를 할 때 젓가락, 포크, 수저, 나이프 등이 필요하죠. 이런 도구들을 쓸 때에도 use를 쓴답니다. 이 경우에도 마찬가지로 use 뒤에 사용하는 도구 이름을 쓰면 됩니다.

Let's Talk

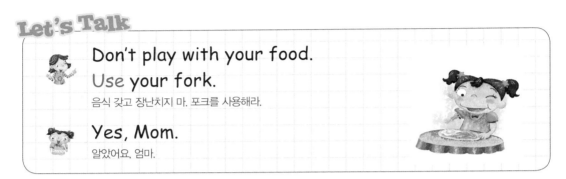

Don't play with your food.
Use your fork.
음식 갖고 장난치지 마. 포크를 사용해라.

Yes, Mom.
알았어요, 엄마.

'~하지 마라'라고 말할 때에는 Don't를 써서 부정 명령문을 사용합니다. 부정 명령문은 맨 앞에 Don't를 쓰고 주어 없이 원형 동사를 사용합니다.

Let's Practice

Use your _____ .

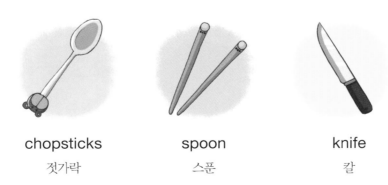

chopsticks	spoon	knife
젓가락	스푼	칼

use가 들어간 표현들

'사용하다'라는 뜻의 use는 다른 단어와 함께 쓰면 뜻이 변하기도 합니다. 예를 들어 use가 과거형으로 변하고 to를 붙여서, 즉 used to가 되면 '~하곤 했다'라는 뜻이 되고, 현재와 다른 과거를 나타냅니다. 그리고 be used to -ing의 형태가 되면 '~하는 데 익숙하다'라는 뜻이 됩니다. 마지막으로 There is no use -ing의 형태로 쓰면 '~해도 소용없다'라는 뜻이 됩니다. 이 경우 use는 동사가 아닌 명사이죠.

1. ~하곤 했다

Susan used to live in Italy. 수잔은 이탈리아에 살았었다.

She used to work at the bank. 그녀는 은행에서 일했었다.

I used to take piano lessons. 나는 전에 피아노 레슨을 받았었다.

2. ~하는 데 익숙하다

I am used to speaking English. 나는 영어로 말하는 데 익숙하다.

Jane is used to using chopsticks. 제인은 젓가락을 사용하는 데 익숙하다.

We are used to doing such hard work. 우리는 그런 힘든 일을 하는 데 익숙하다.

3. ~해도 소용없다

There is no use talking. 말해도 소용없다.

There is no use worrying. 걱정해도 소용없다.

There is no use crying. 울어도 소용없다.

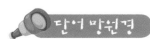 단어 망원경 //

live 살다 Italy 이탈리아 work 일하다 bank 은행 take piano lessons 피아노 레슨을 받다 speak 말하다 English 영어 chopsticks 젓가락 do 하다 such 그런 hard work 힘든 일 talk 이야기하다 worry 걱정하다 cry 울다

Check_up

1. MP3를 잘 듣고 대화 속에서 나오는 것이 무엇인지 고르세요. Tr_20

①

a. 　　　b. 　　　c.

②

a. 　　　b. 　　　c.

2. 그림을 보고 use를 써서 문장을 완성해 보세요.

① May I _____ your _____ ?

② A　Don't play with your food.

_____ your _____ .

B　Yes, Mom.

130

3. 알파벳을 연결해서 그림에 맞는 영어 단어를 완성한 다음, 빈칸에 그 단어의 이름을 써 보세요.

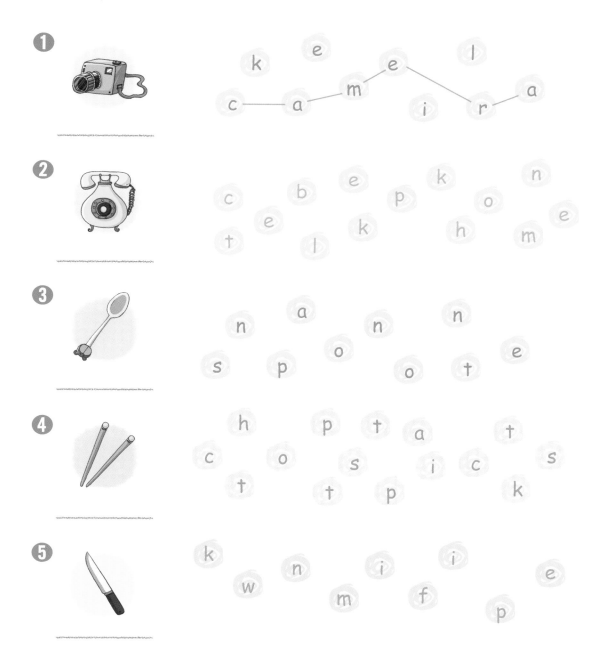

❶

k   e   l
                e
c   a   m   i   r   a

_____

❷
        c   b   p   k   n
                                o
        e   k   h   e
        t   l   m

_____

❸
                a   n   n
        n   n
                            e
        s   p   o   o   t

_____

❹
        h   p   t   a   t
                                s
c   o   s   i   c   s
    t   t   p   k

_____

❺
    k   i   i
                                        e
    w   n
        m   f
                        p

_____

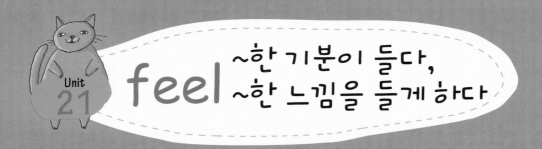

feel ~한 기분이 들다, ~한 느낌을 들게 하다

Unit 21

아이들은 하루에도 여러 번 기분이 바뀝니다. 신나게 기분 좋아 놀다가도 작은 일에 시무룩해지고…….
그러한 기분을 한번 영어로 표현할 때 쓸 수 있는 동사 feel!
feel은 그 뒤에 형용사가 오면 '~한 느낌(기분)이 들다'라는 뜻이 돼요.

I feel good. 기분이 좋아요.

주어가 사물일 경우 feel은 '~한 느낌을 들게 하다'라는 뜻이 됩니다.

It feels soft. 촉감이 부드러워.

'~한 기분이 들다'의 feel

📣 feel은 '~한 기분이 들다'로 보통 자신의 기분을 묘사할 때 쓰는 동사입니다. 따라서 feel 다음에는 느낌을 나타내는 형용사, 예를 들어 happy, sad 등이 올 수 있죠.

Let's Talk

How do you feel?
기분이 어떠니?

I feel tired.
피곤해요.

📣 tired는 '피곤한'이라는 뜻의 형용사입니다.

Let's Practice

I feel ＿＿＿＿＿＿＿＿＿＿＿.

good	bad	cold
좋은	나쁜	추운, 차가운

Mom's Guide

How are you?가 평범한 안부 인사라면 How do you feel?은 상대의 기분과 상태를 묻는 표현이에요.

'~한 느낌을 들게 하다'의 feel

💬 feel은 또한 사람의 기분뿐만 아니라 사물의 촉감을 묘사할 때도 사용하는 단어입니다. 이번 페이지에 나오는 feel이 이런 경우인데, 여기서 feel은 '~한 느낌을 들게 하다'라는 의미가 됩니다. 그리고 이럴 경우 feel의 주어로 사물이 오며, feel의 뒤에는 감촉을 나타내는 형용사가 옵니다.

Let's Talk

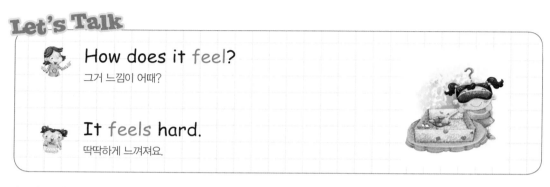

👧 How does it feel?
그거 느낌이 어때?

👧 It feels hard.
딱딱하게 느껴져요.

💬 hard는 '딱딱한'이라는 뜻의 형용사 입니다.

Let's Practice

It feels _____.

soft   hot   rough
부드러운   뜨거운   거친

Mom's Guide

hot은 '뜨거운'이란 뜻과 함께 맛이 '매운'이란 뜻이 있습니다.
Peppers are hot. 고추는 매워요.

feel이 들어간 표현들

feel은 다른 뜻을 살펴볼까요? 우선 '(손으로) 만져 보다'라는 touch와 비슷한 뜻이 있고, 또 '생각하다'라는 think와 비슷한 뜻으로도 사용됩니다. 그리고 feel like라고 하면 '~하고 싶다'와 '~일 것 같다, ~인 것 같다' 두 가지 뜻을 나타냅니다.

1. 만지다

Feel how soft this is.　이게 얼마나 부드러운지 만져 봐.

Feel how cold my hands are.　내 손이 얼마나 차가운지 만져 봐.

● 「Feel + how + 형용사」는 '얼마나 ~한지 만져 봐'라는 뜻입니다.

Tom felt my ankle.　톰은 내 발목을 만져 보았다.

● felt는 feel의 과거형입니다.

2. 생각하다

She feels she is right.　그녀는 자신이 옳다고 생각한다.

I feel he is wrong.　나는 그가 틀렸다고 생각한다.

They felt they were unlucky.　그들은 자신들이 운이 없었다고 생각했다.

● were는 are의 과거형입니다.

3. ~하고 싶다

I felt like crying.　나는 울고 싶다.

I don't feel like eating.　난 먹고 싶지 않아.

Mary felt like some chocolate.　메리는 초콜릿을 먹고 싶었다.

4. ~일 것 같다, ~인 것 같다

It feels like rain.　비가 올 것 같다.

I felt like a fool.　나는 바보가 된 것 같다.

I feel like I'm in a different world.　나는 다른 세상에 와 있는 것 같다.

단어 망원경

soft 부드러운　cold 차가운　hand 손　ankle 발목　right 옳은　wrong 틀린　unlucky 불행한　cry 울다
eat 먹다　some 약간의　chocolate 초콜릿　rain 비　fool 바보　different 다른　world 세계

1. MP3를 잘 듣고 이 사람이 어떤 기분인지 고르세요. Tr_21

❶

a. 　　　b.

❷

a. 　　　b.

2. 그림을 보고 feel을 써서 문장을 완성해 보세요.

❶ A　How does it feel?

　　B　It _____ _____ .

❷ A　How does it feel?

　　B　It _____ _____ .

136

3. 다음 그림들을 보고 만지면 어떤 느낌일지 보기 중에 골라서 써 보세요.

| 보기 | soft　　　hard　　　hot　　　cold

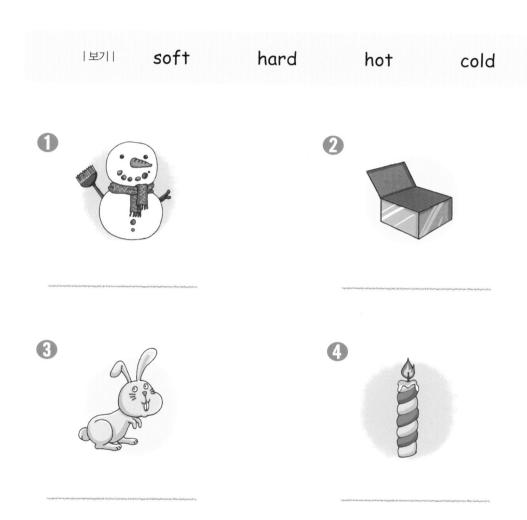

❶

_____

❷

_____

❸

_____

❹

_____

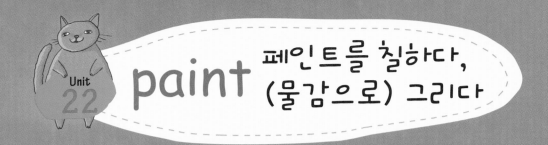

paint 페인트를 칠하다, (물감으로) 그리다

paint는 '(그림 물감으로) 그리다, (페인트) 칠하다'라는 뜻이에요.
그 뒤에 색칠할 대상이 오거나 색 이름이 오면 '~을 무슨 색으로 칠하다'라는 뜻이 된답니다.

Paint the wall white. 벽을 흰색으로 칠해.

'페인트를 칠하다'의 paint

💬 페인트로 뭔가를 칠할 때 동사 paint를 사용합니다. paint는 우리말로도 '페인트'라고 하죠. 동사로 쓰이면 '~에 페인트를 칠하다'라는 뜻이에요. paint 다음에 칠할 대상, 예를 들어 울타리, 벽, 지붕 같은 것을 쓰면 됩니다.

Let's Talk

 Paint the door!
문을 칠해라!

 I'll do it now.
지금 하려고 해요.

💬 it은 painting the door를 뜻합니다. 즉, '문을 칠하는 것'이죠.

Let's Practice

Paint **the** _____ .

wall
벽

fence
울타리

roof
지붕

'(물감으로)그리다'의 paint

💬 paint는 뒤에 칠할 대상이 오고, 또 그 뒤에 색깔 이름이 오는 경우, 즉「paint + 칠할 대상 + 색깔 이름」의 형식이 되면 '~을 ~색으로 칠하다'라는 뜻이 됩니다.

Let's Talk

Can I paint the door yellow?
문을 노란색으로 색칠해도 될까요?

No, paint it red.
안 돼, 빨간색으로 칠해.

💬 여기서 it은 the door을 가리킵니다.

Let's Practice

Can I paint the door _____?

pink	green	blue
분홍색	녹색	파란색

Mom's Guide

다른 색깔의 이름을 알아볼까요?
black(검정색), white(흰색), gray(회색), purple(보라색)

paint가 들어간 표현들

paint는 페인트로 색칠할 경우에만 쓰는 것이 아니라 그림물감으로 그림을 그릴 때도 사용합니다. 그리고 글이나 영화 같은 것으로 누군가를 생생하게 묘사할 때 '생생하게 묘사하다'라는 뜻으로 사용하지요. 또한, paint는 '화장하다'라는 뜻으로도 쓰입니다.

1. (그림물감으로) 그리다

Jill paints well.　질은 그림을 잘 그린다.

He paints in watercolors.　그는 수채화를 그린다.

She painted a portrait in oils.　그녀는 초상화를 유화로 그렸다.

2. 생생하게 묘사하다

The article paints him as a criminal.　그 글은 그를 범인으로 그렸다.

The movie painted David as a villain.　그 영화는 데이비드를 악당으로 그렸다.

The novel painted her in a good light.　그 소설은 그녀를 좋게 그렸다.

3. 화장하다

Kate painted her nails red.　케이트는 손톱을 빨강색으로 칠했다.

Jossy painted her toenails brown.　조시는 발톱을 갈색으로 칠했다.

Amy painted her face thickly.　에이미는 얼굴 화장을 짙게 했다.

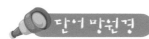 단어 망원경

watercolors 수성 물감　portrait 초상화　oils 유화 물감　article 기사　criminal 범인　movie 영화　villain 악당　in a good light 좋은 면을 강조해서　nail 손톱　red 빨강색　toenail 발톱　brown 갈색　face 얼굴　thickly 두껍게

1. MP3를 잘 듣고 나오지 않은 단어를 고르세요. Tr_22

❶

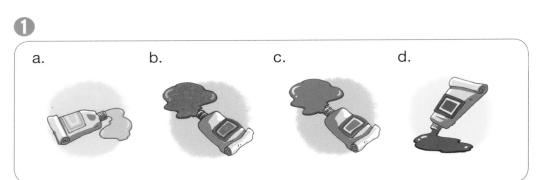

a. b. c. d.

❷

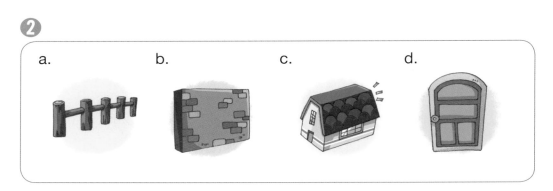

a. b. c. d.

2. 그림을 보고 paint를 써서 문장을 완성해 보세요.

❶ A ＿＿＿＿＿＿ the ＿＿＿＿＿＿!

B I'll do it now.

❷ A Can I ＿＿＿＿＿＿ the ＿＿＿＿＿＿ blue?

B No, ＿＿＿＿＿＿ it red.

3. 아래에 있는 집 그림을 보기에서 말하는 대로 예쁘게 색칠해 보세요.

1. Paint the door yellow.　　2. Paint the fence blue.

3. Paint the roof red.　　4. Paint the wall green.

write 쓰다, 적다

Unit 23

편지를 쓰거나 메모를 적거나 하는 동작을 나타내는 동사가 바로 write예요.
write는 '쓰다, 적다'는 뜻을 가진 동사로,
write 다음에는 편지나 책처럼 쓰는 것과 관련된 단어가 오겠죠?

I'll write a letter to him. 난 그에게 편지를 쓸 거야.

'쓰다'의 write

write는 '쓰다'라는 뜻으로, 편지나 카드 등을 작성할 때 사용할 수 있는 동사입니다. write 뒤에 편지를 나타내는 letter나 카드를 나타내는 card 등이 옵니다.

Let's Talk

 What are you going to do?
너 뭐 할 거니?

 I'm going to write a letter.
편지를 쓸 거예요.

be going to는 가까운 미래를 나타낼 때 쓰는 표현으로 '~할 것이다'로 해석됩니다.

Let's Practice

I'm going to write a(n) _____ .

e-mail
이메일

card
카드

Mom's Guide

e-mail은 모음으로 시작하기 때문에 a 대신에 an를 써서 write an e-mail이 됩니다.

'적다'의 write

💬 write 뒤에 무엇을 쓰는지 그 내용이 오기도 합니다. 예를 들어 숫자나 글자가 write 뒤에 나올 수 있겠죠.

Let's Talk

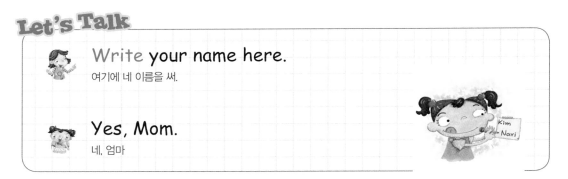

Write your name here.
여기에 네 이름을 써.

Yes, Mom.
네, 엄마.

💬 your는 '너의'라는 뜻의 소유격입니다. 참고로 '나의'는 my, '그의'는 his, '그녀의'는 her, '우리의'는 our, '그들의'는 their입니다.

Let's Practice

Write your _____ here.

address	phone number	birthday
주소	전화 번호	생일

write가 들어간 표현들

때때로 write는 '쓰다'라는 기본적인 뜻을 포괄하는 의미로 쓰입니다. '(시, 소설을) 쓰다, (음악을) 작곡하다' 또는 '편지를 쓰다'라는 뜻으로도 사용되고요, write down이라고 하면 '적어두다'라는 의미가 됩니다.

1. (소설, 시를) 쓰다, (음악을) 작곡하다

Jane writes children's books.   제인은 아이들 책을 쓴다.

She wrote music for films.   그녀는 영화 음악을 작곡한다.

● wrote은 write의 과거형입니다.

Beethoven wrote nine symphonies.   베토벤은 9개의 교향곡을 작곡했다.

2. 편지를 쓰다

Please write me.   (나한테) 편지 써.

Don't forget to write.   편지 쓰는 거 잊지 마.

● forget to는 '~하는 것을 잊다'라는 의미입니다.

She wrote to Tom in Italy.   그녀는 이탈리아에 있는 톰에게 편지를 썼다.

3. 적어 두다

Write down my name and my address.   내 이름이랑 주소를 적어 둬.

Write down your signature in the blank.   빈칸에 서명하세요.

He wrote down his street name and zip code.   그는 거리명과 우편 번호를 적었다.

단어 망원경

children 아이들 book 책 music 음악 film 영화 symphony 교향곡 forget 잊다 Italy 이탈리아
name 이름 address 주소 signature 서명 blank 빈칸 street 거리 zip code 우편 번호

1. MP3를 잘 듣고 앞으로 이 학생이 무엇을 쓸 건지 고르세요. Tr_23

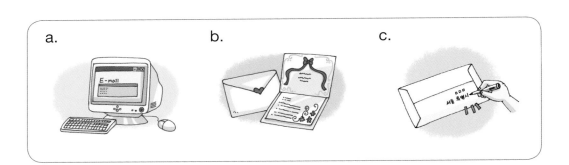

2. 그림을 보고 write를 써서 문장을 완성해 보세요.

1 A What are you going to do?

B I'm going to _____ a _____ .

2 _____ your _____ _____ here.

3 _____ your _____ here.

3. 다음은 미술학원 신청서예요. 내용에 맞게 신청서를 작성해 보세요.

신 청 서

Name:

Birthday:

Phone number:

Address:

E-mail:

ride 타다

ride는 자동차나 버스, 자전거 등 탈것을 '타다'라는 뜻을 가진 동사입니다.
말을 탈 때도 ride를 쓸 수 있습니다.

Can you ride a horse? 말 탈 줄 알아?

롤러코스터나 회전목마 등의 놀이기구를 '타다'라고 말할 때는 ride 뒤에 on을 붙여요.

Let's ride on a roller coaster. 롤러코스터 타자.

'타다'의 ride

ride는 자전거나 자동차 등을 탈 때 쓰는 동사로 '타다'라는 뜻입니다. 또한, 이 동사는 말을 탈 때도 쓸 수 있습니다.

Let's Talk

 I can ride a horse.
난 말을 탈 수 있어.

 That's great!
굉장한데!

can은 '~할 수 있다'라는 뜻의 조동사로, 뒤에는 항상 동사 원형이 옵니다.

Let's Practice

I can ride a _____ .

bicycle
자전거

motorcycle
오토바이

Mom's Guide

bicycle를 줄여서 bike라고도 합니다.

'타다'의 ride

💬 이번 페이지에 나오는 ride도 앞 페이지에 나오는 경우와 차이가 없는 경우로 똑같이 '타다'의 뜻입니다. 다만 놀이공원에 있는 롤러코스터나 회전목마를 탈 경우에는 뒤에 on을 붙여 ride on이라고 해요.

Let's Talk

 What do you want to ride?
무엇을 타고 싶니?

 I want to ride a bicycle.
자전거를 타고 싶어요.

💬 want to는 '~하고 싶다'라는 뜻으로 뒤에 항상 동사 원형이 옵니다.

Let's Practice

I want to ride on a _____ .

roller coaster
롤러코스터

merry-go-round
회전목마

심화학습

ride가 들어간 표현들

ride는 뒤에 horse를 쓰지 않아도 그 단어 자체만으로 '말을 타다'라는 뜻으로 쓸 수 있습니다. 또한, ride 뒤에 차량이나 대중교통을 써서 '차량을 타다'라는 의미를 나타내기도 합니다. 각 예문들을 잘 읽어 보고 뜻의 차이를 느껴 보세요.

1. 말을 타다

We rode 10 miles.   우리는 10마일을 말을 타고 달렸다.

- rode는 ride의 과거형입니다.

When I was a child, I learned to ride.   나는 어렸을 때 말 타는 법을 배웠다.

- was는 am의 과거형입니다.

He rode at full speed.   그는 말을 타고 전속력으로 달렸다.

- at full speed는 '전속력으로'라는 뜻입니다.

2. (승객으로) 차량을 타다

I rode the bus to school.   나는 버스를 타고 학교에 갔다.

They rode the train from Seoul to Busan.   그들은 서울부터 부산까지 기차를 타고 갔다.

They rode in the car while I walked.   그들은 차를 탔지만 나는 걸었다.

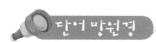
단어 망원경

mile 마일(거리의 단위)   child 아이   learn 배우다   full 최고의   speed 속도   bus 버스   school 학교   train 기차   Seoul 서울   Busan 부산   car 자동차   walk 걷다

1. MP3를 잘 듣고 무엇을 타고 싶어하는지 고르세요. Tr_24

1

a.

b.

2

a.

b.

2. 그림을 보고 ride를 써서 문장을 완성해 보세요.

1 I can _____ a _____.

2 A What do you want to ride?

B I want to _____ on a _____.

3. 다음 친구들이 타고 싶어하는 것을 선을 따라가서 확인하고, 빈칸에 알맞은 단어를 써서 문장을 완성해 보세요.

❶ I want to ride on a _____.

❷ I want to ride on a _____.

❸ I want to ride a _____.

❹ I want to ride a _____.

study 공부하다

아이들이 부모님께 가장 많이 듣는 말 중에 하나가 '공부해'라는 말일 거예요.
'공부하다'는 study라고 하는데, '조사하다'라는 뜻도 가지고 있습니다.
study는 혼자서도 쓰기도 하지만, 뒤에 흔히 공부나 연구에 관련된 단어와 함께 쓰기도 한답니다.

I study English on Mondays. 난 월요일마다 영어를 공부해.

'공부하다'의 study

 study는 '공부하다'라는 뜻입니다. study는 혼자서도 쓰이기도 하지만 주로 뒤에 과목명과 함께 많이 사용합니다.

Let's Talk

What do you study at school?
학교에서 무엇을 공부하니?

I study math.
수학을 공부해요.

 at school은 '학교에서'라는 뜻입니다. 참고로 after school은 '방과 후'를 뜻합니다.

Let's Practice

I study _____ .

science
과학

music
음악

art
미술

Mom's Guide

다른 과목 이름을 알아볼까요?
'역사'는 history, '사회'는 social studies, '체육'은 physical education.

'조사하다'의 study

💬 study라고 하면 '공부하다'라는 뜻을 떠올리지만, '조사하다'라는 뜻으로도 많이 쓰입니다. 이때 study 뒤에는 연구와 관련된 단어들이 오지요.

Let's Talk

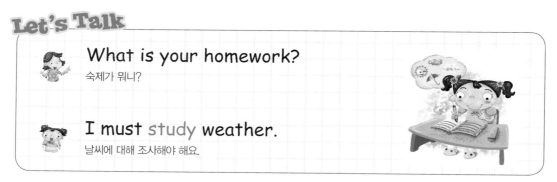

What is your homework?
숙제가 뭐니?

I must study **weather.**
날씨에 대해 조사해야 해요.

💬 must는 '~해야만 하다'라는 뜻으로 의무를 나타냅니다.

Let's Practice

I must study _____.

animal(s)
동물

food
음식

movie(s)
영화

study가 들어간 표현들

study의 기본 뜻은 '공부하다'이고 때론 '조사하다'라는 뜻으로도 사용된다고 앞에서 배웠습니다. 이번 페이지에서는 study가 다른 단어와 같이 쓰이면서 '공부하다'라는 뜻을 좀더 구체적으로 나타내는 경우를 살펴봅시다. study 뒤에 abroad(해외에)를 쓰면 '해외 유학을 하다'라는 뜻이 되고, 뒤에 for가 오면 '~을 위해 공부하다'라는 의미가 됩니다.

1. 해외 유학을 하다

I want to study abroad. 나는 해외 유학을 하고 싶다.

He hopes to study abroad in the future. 그는 미래에 해외 유학을 하고 싶어한다.

She left to study abroad. 그녀는 해외 유학을 떠났다.

- left는 leave의 과거형입니다.

2. ~를 위해 공부하다

Tom studied for an exam. 톰은 시험공부를 했다.

She studies for a master's degree. 그녀는 석사 과정을 밟고 있다.

He studies for the bar. 그는 변호사가 되기 위해 공부한다.

단어망원경

abroad 해외에 hope 희망하다 future 미래 leave 떠나다 exam 시험 master 석사 degree 학위
(the) bar 변호사

1. MP3를 잘 듣고 학교에서 무슨 공부를 하는지 고르세요. Tr_25

a.

b.

c.

2. 그림을 보고 study를 써서 문장을 완성해 보세요.

❶ A What do you study at school?

B I _____ _____ .

❷ A What is your homework?

B I must _____ _____ .

❸ A What is your homework?

B I must _____ _____ .

3. 다음 단어들을 종류별로 나누어 적어 보세요.

pasta	rabbit	flute
dog	rice	bread
drums	pie	violin
horse	cat	piano

음식

동물

악기

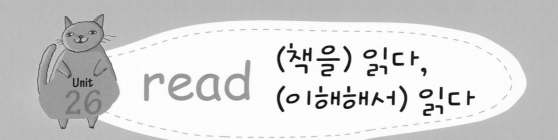

Unit 26

read

(책을) 읽다, (이해해서) 읽다

읽고 말하기는 언어 학습의 기본이죠. '읽다'라는 뜻의 동사는 read입니다.

I'm reading a book. 책을 읽고 있어.

만약 read 뒤에 외국어와 관련된 단어가 나오면 '(이해해서) 읽다'라는 뜻이 됩니다.

She can read French. 그 여자애는 불어를 읽을 수 있어.

'(책을) 읽다'의 read

read는 책이나 소설 등을 읽을 때 사용할 수 있는 동사로 '(책을) 읽다'라는 뜻입니다. read는 혼자서도 쓰이기도 하지만 보통 뒤에 책과 관련된 단어가 옵니다.

Let's Talk

 Read this story for me, please.
이 책을 읽어 주세요.

 Okay. Let's read the story.
좋아. 이야기 책을 읽어 보자.

for me는 '나를 위해'라는 의미입니다.

Let's Practice

Let's read the _____.

poem
시

comic book
만화책

novel
소설

Mom's Guide

다른 읽을거리를 알아볼까요?
신문(newspaper), 잡지(magazine)

'(이해해서) 읽다'의 read

📩 read는 책이나 소설 등을 읽을 때 사용할 수도 있지만, 외국어를 이해해서 읽을 수 있다는 의미로 사용하기도 합니다. 이때는 뒤에 외국어를 나타내는 단어가 옵니다.

Let's Talk

I can read Korean.
난 한국어를 읽을 수 있어요.

That's great!
굉장한데!

📩 Korean은 '한국어'라는 뜻도 있지만 '한국인'이라는 뜻도 있답니다.

Let's Practice

I can read _____.

English
영어

Chinese
중국어

Japanese
일본어

Mom's Guide

English, Chinese, Japanese는 각각 '영국인', '중국인', '일본인'이라는 뜻도 된답니다.

read가 들어간 표현들

'읽다'라는 의미의 read가 다른 뜻으로 사용되는 예를 살펴봅시다. read는 '(기호·부호 등을) 읽다', 즉 '해독하다, 판독하다'라는 의미로도 사용됩니다. 온도계·시계 등과 같이 쓰일 때는 '나타내다'라는 의미가 되고요. 그리고 read는 '쓰여 있다'라는 의미로 사용되기도 합니다.

1. (기호·부호 등을) 해독하다, 판독하다

He can't read music.   그는 악보를 볼 줄 모른다.

Can you read sign language?   수화를 이해할 수 있니?

She learned how to read Braille.   그녀는 점자를 읽는 법을 배웠다.

2. (온도계·시계 등이) 나타내다

The clock reads ten.   시계는 10시를 알렸다.

The thermometer reads 65 degrees.   온도계는 65도를 나타내고 있다.

His blood pressure reads high.   그는 혈압이 높다.

● blood pressure는 '혈압'이라는 뜻입니다.

3. 쓰여 있다

It reads as follows.   그것은 다음과 같이 쓰여 있다.

● as follows는 '다음과 같이'라는 뜻입니다.

The ticket reads "From London to Oxford".
차표에는 "런던–옥스퍼드행"이라고 쓰여 있다.

The sign reads "Dumping waste is prohibited."
표지판에는 "쓰레기 투기 금지"라고 쓰여 있다.

● dumping waste는 '쓰레기 버리기'라는 의미입니다.

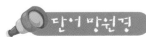
단어 망원경

music 악보 sign language 수화 learn 배우다 Braille 점자 clock 시계 thermometer 온도계
degree 도 blood 피 pressure 압력 follow 뒤따르다 ticket 차표 London 런던 Oxford 옥스퍼드 sign 간판 dump 버리다 waste 쓰레기 prohibit 금지하다

1. MP3를 잘 듣고 대화 속에서 나오는 것을 고르세요. Tr_26

1

a.
b.

2

a.
b.

2. 그림을 보고 read를 써서 문장을 완성해 보세요.

1 Let's _____ the _____.

2 I can _____ _____.

3. 다음 나라들은 어떤 말을 사용할까요? 보기에서 알맞은 단어를 골라 빈칸에 써 보세요.

| 보기 | Korean   English   Japanese   Chinese

❶

_____

❷

_____

❸

_____

❹

_____

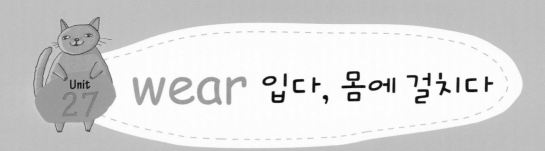

wear 입다, 몸에 걸치다

Unit 27

아침에 학교 갈 때 이 옷 저 옷 입어 보며 겉모습에 꽤나 신경을 쓰지요?
이렇게 옷을 '입다'라는 뜻을 가진 동사가 wear입니다.
I want to wear my blue sweater. 파란색 스웨터를 입을래요.

또한 wear는 '입다'뿐만 아니라 '신고, 끼고, 쓰고 있다'의 뜻으로 몸에 걸치는 모든 것에 쓸 수 있어요.
She always wears a ring. 그 여자애는 항상 반지를 끼고 있다.

'입다'의 wear

💬 wear는 옷을 입을 때 쓰는 동사로, 그 뜻은 '입다'입니다. wear 뒤에는 목적어('—을/를'로 해석되는 단어)가 필요한데, 목적어로 주로 옷과 관련된 단어가 옵니다.

Let's Talk

 What do you want to wear today?
무엇을 입을 거니?

 I want to wear a dress.
원피스를 입을래요.

💬 dress는 '드레스'로 윗옷과 치마가 하나로 연결된 옷을 말합니다. 윗옷과 치마가 분리된 옷은 우리 말로 '투피스'라고 하는데 영어로는 two-piece suit라고 합니다.

Let's Practice

I want to wear a _____.

sweater

스웨터

coat

코트

shirt

셔츠

Mom's Guide

wear와 같은 의미로 앞에서 배운 put on이 있죠?

'몸에 걸치다'의 wear

💬 wear는 옷을 입을 때도 사용하지만 양말을 신을 때도, 모자를 쓸 때도, 안경을 낄 때도 사용합니다. 즉, 무엇이든 몸에 걸칠 때 wear를 사용합니다. 마찬가지로 이 경우에도 wear 뒤에는 목적어로 양말, 모자, 안경과 같은 몸에 걸치는 단어들이 옵니다.

Let's Talk

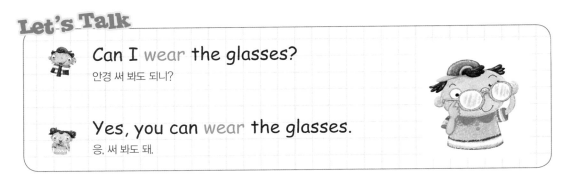

Can I wear the glasses?
안경 써 봐도 되니?

Yes, you can wear the glasses.
응, 써 봐도 돼.

💬 '안경'이라는 뜻의 glasses는 안경알이 두 개라 언제나 복수형(-s/-es)으로 사용합니다. 이와 같이 복수형으로 사용하는 단어로는 pants(바지), socks(양말), gloves(장갑) 등이 있습니다. pants는 바지통이 두 개이므로, socks와 gloves는 각각 두 개씩 한 짝이므로 복수형으로 쓴답니다.

Let's Practice

Can I wear the _____ ?

watch
손목시계

ring
반지

ribbon
리본

wear가 들어간 표현들

wear는 '입다'라는 뜻으로서 옷을 입거나 액세서리 등을 몸에 걸칠 때 사용합니다. 이외에도 다양한 경우에 사용되는데, '(머리를) 특정 모양으로 하고 있다'라는 뜻도 있고, '(어떤 표정을) 짓고 있다'라는 의미도 있습니다. 그리고 wear down이라고 하면 '닳아지다'라는 의미가 돼요.

1. (머리를) 특정 모양으로 하고 있다

Judy wears her hair long.   주디는 머리를 길게 하고 있다.

Mary always wears her hair up.   메리는 항상 머리를 올린다.

Stella wears her hair in a pony tail when she's working.

스텔라는 일할 때는 머리를 높이 올려 묶는다.

● pony tail은 '머리를 당나귀 꼬리처럼 뒤로 높이 올려 묶은 것'을 말합니다.

2. (어떤 표정을) 짓고 있다

She always wears a smile.   그녀는 항상 미소를 띠고 있다.

The girl wore a puzzled look on her face.   그 소녀는 당황한 표정을 지었다.

The boy wore an air of triumph on his face.   그 소년은 이긴 것 같은 표정을 지었다.

● 문장 속에서 air of triumph는 '이긴 것 같은 표정'을 의미합니다.

3. (차츰) 닳아지다

His socks wear down quickly.   그의 양말은 빨리 닳는다.

The heels of her shoes wore down.   그녀의 구두의 뒤축이 닳았다.

This shirt is starting to wear at the collar.   이 셔츠는 칼라부터 닳기 시작하고 있다.

● start to는 '~하기 시작하다'라는 뜻입니다.

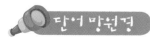
단어망원경

hair 머리 long 길게 up 위로 pony 당나귀 tail 꼬리 work 일하다 smile 미소 girl 소녀 puzzled 당황한 look 표정 face 얼굴 boy 소년 air 태도 triumph 승리 quickly 빨리 heel 구두의 뒤축 collar (옷의) 칼라, 깃

1. MP3를 잘 듣고 나오지 않은 것을 고르세요. Tr_27

❶

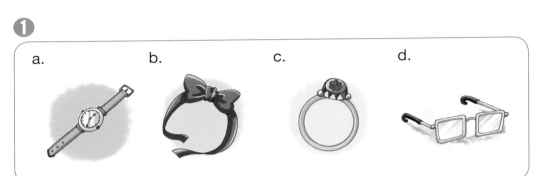

a.　　　b.　　　c.　　　d.

❷

a.　　　b.　　　c.　　　d.

2. 그림을 보고 wear를 써서 문장을 완성해 보세요.

❶ A What do you want to wear today?

B I want to ＿＿＿＿＿ a ＿＿＿＿＿ .

❷ A What do you want to wear today?

B I want to ＿＿＿＿＿ a ＿＿＿＿＿ .

3. 그림에 해당하는 단어를 보기에서 찾아 빈칸에 써 보세요.

| 보기 | T-shirt   sweater   gloves   coat   socks   pants

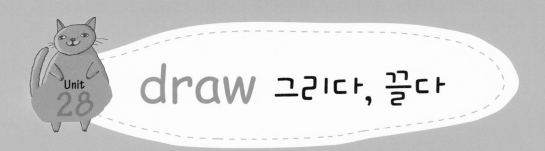

draw 그리다, 끌다

그림을 '그리다'라는 뜻의 동사는 바로 draw입니다.

Draw an apple. 사과를 그려 봐.

또 draw는 '끌다'라는 뜻으로 쓰기도 한답니다.

The dog is drawing a cart. 개가 수레를 끌고 있어요.

'그리다'의 draw

 draw는 '그리다'의 의미로 아이들이 연필 등으로 그림을 그릴 때 사용할 수 있는 단어입니다. draw
는 혼자서도 쓰일 수 있으나 주로 뒤에 목적어('−을/를'로 해석되는 단어)가 옵니다. 목적어로는 그
릴 수 있는 대상이 오겠죠.

Let's Talk

Can you draw a circle?
동그라미를 그릴 수 있니?

Yes, I can draw one.
네, 그릴 수 있어요.

 one은 a circle을 가리킵니다.

Let's Practice

Can you draw a _____?

triangle
세모

square
네모

star
별

Mom's Guide

draw와 paint는 둘 다 '그리다'라는 의미를 갖고 있지만, draw는 '(그림을 선으로) 그리다'라
는 뜻이고 paint는 '(그림 물감으로) 그리다'라는 의미로 차이가 있습니다.

'끌다'의 draw

💬 draw는 '그리다'라는 뜻 말고도 '끌다'라는 의미도 있습니다. 즉, 수레나 물건 등을 끌 때 사용할 수 있는 단어입니다. draw가 '끌다'라는 의미로 어떻게 사용되는지 아래 예문을 잘 읽어 보세요.

Let's Talk

Can a horse draw the cart?
말이 수레를 끌 수 있을까?

Yes, I think so.
네, 그렇게 생각해요

💬 'I think so.'는 긍정의 의미로 여기서는 '말이 수레를 끌 수 있을 것'이라는 것을 암시합니다.

Let's Practice

Can a _____ draw the cart?

cow   pig   goat
소   돼지   염소

Mom's Guide

'그렇게 생각하지 않아.'라고 말할 때는 I don't think so.라고 합니다.

draw가 들어간 표현들

draw는 '그리다', '끌다'라는 뜻 이외에 경우에 따라 다른 뜻으로도 사용됩니다. '꺼내다, 뽑다'라는 의미로 사용되는 경우와 '(커튼 등을) 치다, 걷다'라는 의미로 사용되는 경우를 아래 예문을 통해 살펴봅시다.

1. 꺼내다, 뽑다

   Let's draw lots. 제비뽑기를 하자.

   He drew a cork from the bottle. 그는 병의 코르크 마개를 뽑았다.

   ● drew는 draw의 과거형입니다.

   She drew the winning ticket. 그녀는 (추첨에서) 우승 티켓을 뽑았다.

2. (커튼 등을) 걷다, 치다

   She drew a curtain over the window. 그녀는 창문에 커튼을 쳤다.

   Can you draw back the curtains? 커튼을 걷어 주시겠어요?

   Can I draw up the blinds? 블라인드를 걷어도 될까요?

 단어 맞춤경

lots 제비뽑기 cork 코르크 마개 from ~로부터 bottle 병 winning ticket 우승 티켓 curtain 커튼
window 창문 back 뒤로 blind 블라인드

1. MP3를 잘 듣고 대화에서 수레를 끌 수 없다고 하는 동물을 고르세요. Tr_28

a.    b.    c.

2. 그림을 보고 draw를 써서 문장을 완성해 보세요.

1 A   Can you _____ a _____ ?

B   Yes, I can.

2 A   Can you _____ a _____ ?

B   Yes, I can.

3 A   Can a _____ _____ the cart?

B   Yes, I think so.

3. 다음 글을 읽고 빈칸에 알맞은 그림을 그린 다음 색칠해 보세요.

❶ Draw three triangles and paint them yellow.
❷ Draw three circles and paint them red.
❸ Draw a star and paint it green.
❹ Draw four squares and paint them blue.

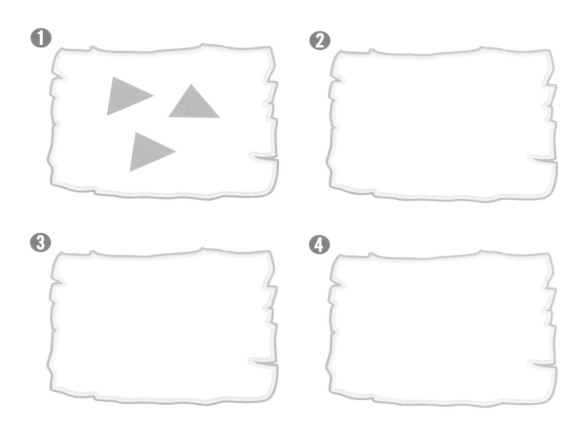

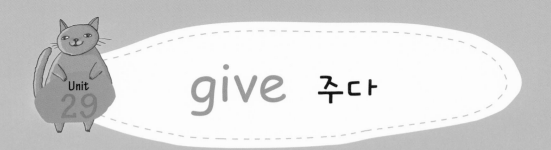

give 주다

생일 선물을 주다라고 할 때 '주다'라는 뜻의 동사가 give입니다.
이 동사는 「give + 사람 + 물건」의 형태로 쓰여 '누구에게 무엇을 주다'라는 뜻이 됩니다.
I'll give him a toy. 그 애에게 장난감을 줘야지.

만약 사람과 물건의 순서가 바뀔 때엔 사람 앞에 '~에게'라는 뜻의 to를 써 줍니다.
I'll give a toy to him. 그 애에게 장난감을 줘야지.

'주다'의 give

💬 give는 '주다'라는 뜻으로, 누군가에게 뭔가를 줄 때 사용하는 단어입니다. 보통 「give +사람(A) + 물건(B)」의 형태로 많이 씁니다. 즉, 'A에게 B를 주다'라는 뜻이죠.

Let's Talk

Can you give me a comb?
빗 좀 갖다 줄래?

Here is a comb.
여기 있어요.

💬 me는 '나에게/나를'이라는 뜻입니다. '너에게/너를'은 you, '그에게/그를'은 him, '그녀에게/그녀를'은 her, '우리에게/우리를'은 us, '그들에게/그들을'은 them입니다.

Let's Practice

Can you give me a _____ ?

mirror
거울

toothbrush
빗

towel
타월

Mom's Guide

give가 '주다'라는 의미라면 동사 take는 이와 반대로 '받다'라는 의미입니다.
I'll take money from my father. 난 아빠에게서 돈을 받을 거야.

'주다'의 give

💬 이번 페이지에 나오는 give도 '주다'라는 뜻입니다. 다만, 「give + 사람 + 물건」의 형식에서, 사람과 물건의 순서가 바뀌게 되는데, 이때 사람 앞에 to를 써야 해요. 즉, 「give + 물건 +to +사람」의 형식으로도 씁니다.

Let's Talk

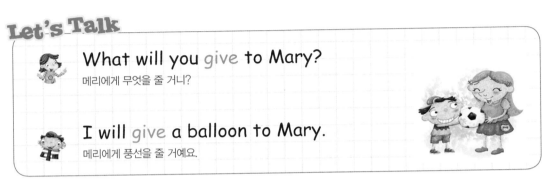

What will you give to Mary?
메리에게 무엇을 줄 거니?

I will give a balloon to Mary.
메리에게 풍선을 줄 거예요.

💬 I will give a balloon to Mary.는 I will give Mary a balloon.으로 바꿀 수 있습니다.

Let's Practice

I will give a _____ to Mary.

cake
케이크

candle
촛불

party hat
파티 모자

Mom's Guide

balloon, cake, candle, party hat 등은 생일 파티 때 볼 수 있는 것들이죠?
Happy birthday to you.(생일 축하해.)라는 표현도 알아두세요.

Further Study
심화학습

give가 들어간 표현들

give는 경우에 따라 여러 가지 의미로 쓰입니다. give 뒤에 back이 오면 '돌려주다'라는 의미가 되고, a hand와 함께 쓰면 '도와주다'라는 뜻이 됩니다. 또한 give over는 '중지하다'라는 뜻이고, give up은 '포기하다'라는 뜻입니다.

1. 돌려주다

Give me back my book.　내 책 돌려줘.
Julia didn't give back my painting.　줄리아는 내 그림을 돌려주지 않았다.
She refused to give back my bag.　그녀는 내 가방을 돌려주려 하지 않았다.

2. 도와주다

Can you give me a hand with my homework?　숙제를 도와줄 수 있니?
Please give me a hand with this.　제 일 좀 거들어 주세요.
Can I give you a hand with the dishes?　설거지 도와줄까?

3. 중지하다

Give over! It's not my fault.　그만해! 내 잘못 아니야.
Give over teasing the dog.　개를 괴롭히는 짓은 그만둬.
He gave over complaining.　그는 불평하는 것을 그만두었다.

4. 포기하다

Don't give up.　포기하지 마.
Never give up hope.　희망을 버리지 마.
She decided to give up the plan.　그녀는 그 계획을 포기하기로 결정했다.

 **단어 망원경**

book 책　painting 그림　refuse 거절하다　bag 가방　homework 숙제　dish 접시　fault 잘못
tease 괴롭히다　dog 개　complain 불평하다　never 결코 ~않다　hope 희망　decide 결정하다　plan
계획

1. MP3를 잘 듣고 Sally의 생일 선물로 무엇을 할 것인지 고르세요. Tr_29

❶

a.
b.
c.

❷

a.
b.
c.

2. 그림을 보고 give를 써서 문장을 완성해 보세요.

❶ A Can you _____ me a _____ ?
   B Here is a _____ .

❷ A Can you _____ me a _____ ?
   B Here is a _____ .

3. 그림을 잘 보고 ①~⑤의 이름을 보기에서 골라 빈칸에 써 보세요.

| 보기 |　　mirror　　toothbrush　　comb　　towel　　sponge

❶ _____

❷ _____

❸ _____

❹ _____

❺ _____

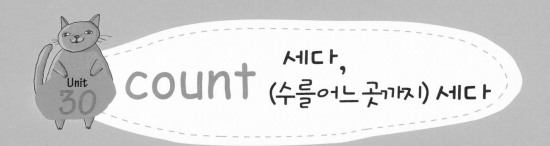

Unit 30

count 세다, (수를 어느 곳까지) 세다

수를 세거나 계산하는 동작을 나타내는 동사는 count입니다.
'세다, 계산하다'라는 뜻이죠.
Count the apples on the table. 탁자 위의 사과를 세어 봐.

또 count 뒤에 to를 쓰면 '~까지 세다'란 뜻이 됩니다.
I'll count to ten. 10까지 세야지.

> Sally, count the monkeys.
> 샐리, 원숭이의 수를 세어 봐.

> Count to fifteen.
> 15까지 세어 봐.

'세다'의 count

💬 count는 '세다, 계산하다'라는 뜻으로, 숫자를 세거나 계산을 할 때 쓸 수 있는 단어입니다. count 뒤에는 셀 수 있는 명사가 옵니다.

Let's Talk

 How many lions are there?
Count the lions.
사자가 몇 마리 있니? 사자의 수를 세어 봐.

 One, two...
한 마리, 두 마리…….

💬 How many는 '얼마나 많은'이라는 뜻으로 셀 수 있는 명사를 지칭할 때 쓰는 표현입니다. 만약 셀 수 없는 명사를 지칭할 때는 How much를 씁니다. How much water do you drink?(넌 물을 얼마나 많이 마시니?)

Let's Practice

Count the _____.

bear(s)　　　　elephant(s)　　　　monkey(s)

곰　　　　　　코끼리　　　　　원숭이

Mom's Guide

bear, elephant, monkey의 복수형은 뒤에 –s를 붙여 만든다.
bears, elephants, monkeys

'(수를 어느 곳까지) 세다'의 count

💬 이 페이지에 나오는 count는 '(수를 어느 곳까지) 세다, 열거하다'라는 뜻입니다. 이 경우 count 뒤에 셀 물건이 바로 오지 않고 to가 먼저 나오는데, to는 '~까지'라는 의미입니다.

Let's Talk

Count to ten.
10까지 세어 봐.

All right.
알았어요.

💬 All right.은 긍정의 대답을 표시할 때 쓰는 표현으로 Okay.라고 바꿔 써도 됩니다.

Let's Practice

Count to _____ .

| fifteen | twenty | thirty |
| 15 | 20 | 30 |

count가 들어간 표현들

count의 기본 뜻은 '(수를) 세다'이지만 경우에 따라 뒤에 오는 전치사에 따라 의미가 달라지곤 합니다. count in이라고 하면 '끼워주다'라는 뜻이 되고, count on은 '의지하다, 믿다'라는 뜻입니다. 그리고 count up은 count의 기본적인 뜻은 변하지 않지만, 그 뜻이 더 강조되어 '다 세어보다, 총계를 내다'라는 뜻이 됩니다.

1. 끼워주다

Count me in.　나도 끼워 줘.

You can count me in.　저도 끼워 주세요.

If you're going to the party, you can count me in.　파티에 갈 거면 나도 끼워 줘.

- If는 '만약 ~하면'이라는 뜻입니다.

2. 의지하다, 믿다

You can count on me.　날 믿어도 돼.

Don't count on Tom.　톰을 믿지 마.

I can count on my parents to help me.　부모님은 나를 도와 줄 거라 믿을 수 있어.

3. 다 세어 보다, 총계를 내다

Count up all the desks in the classroom.　교실에 있는 책상 수를 세어 봐.

My sister can count up to 10 in French.　내 여동생은 프랑스어로 10까지 셀 수 있다.

His savings in the bank count up to $1000.　그의 은행 예금은 천 달러에 달한다.

단어 망원경

party 파티　always 항상　parent 부모　help 돕다　all 모든　desk 책상　classroom 교실　sister 여자 형제　French 불어　saving 저금, 저축(액)　bank 은행　begin 시작하다　guest 손님　restaurant 식당

Check_up

1. MP3를 잘 듣고 1부터 20까지 함께 세어 보세요. 🎧 Tr_30

❶ one	❷ two	❸ three	❹ four	❺ five
❻ six	❼ seven	❽ eight	❾ nine	❿ ten
⓫ eleven	⓬ twelve	⓭ thirteen	⓮ fourteen	⓯ fifteen
⓰ sixteen	⓱ seventeen	⓲ eighteen	⓳ nineteen	⓴ twenty

2. 그림을 보고 count를 써서 문장을 완성해 보세요.

❶ A _____ the _____.

   B One, two, three...

❷ A _____ to five.

   B One, two, three, four, five.

3. 그림에 나온 동물들은 무엇인지 체크하고, 아래 질문에 답해 보세요.

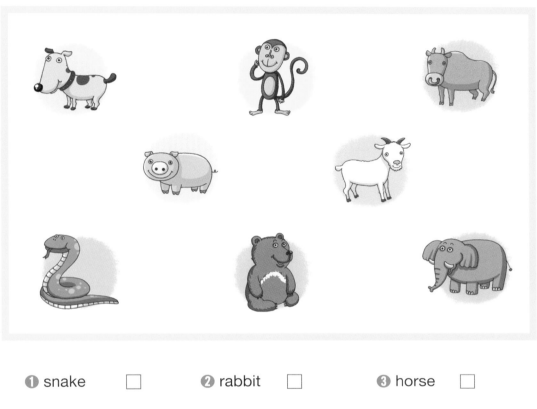

❶ snake ☐ ❷ rabbit ☐ ❸ horse ☐

❹ monkey ☐ ❺ cow ☐ ❻ bear ☐

❼ lion ☐ ❽ dog ☐ ❾ cat ☐

❿ elephant ☐ ⓫ goat ☐ ⓬ pig ☐

How many animals are there? Count the animals.

There are _____ animals.

Check-up
스크립트 및 정답

Unit 01 have

1. ① c   ② b   ③ a

script
① I have salad for breakfast.
② I have a ruler.
③ I have rice for breakfast.

2. ① have, pen
   ② have, soup
   ③ have, notebook

3.

p	r	a	r	n	⑥s	a	l
①n	o	t	e	b	o	o	k
o	l	②s	c	④r	u	l	e
t	e	a	e	u	③p	e	n
e	s	l	r	l	c	a	o
p	e	a	j	e	h	i	w
o	g	d	n	⑤r	i	c	e

Unit 02 go

1. ① c   ② b

script
① A: Where do you go?
   B: I go to the theater.
② A: Where do you go?
   B: I go to the park.

2. ① train, come
   ② go, bookstore

3. ① subway, bookstore
   ② bus, park
   ③ train, zoo

Unit 03 want

1. ① b   ② a   ③ c

script
① I want some bread.
② I want to be a cook.
③ I want to be a teacher.

2. ① want, pie
   ② want, singer
   ③ want, pasta

3. ① want, doctor
   ② want, cook
   ③ want, teacher
   ④ want, singer

Unit 04 look

1. a

script
A: What's the matter?
   You look sick.

2. ① Look, tree
   ② Look, at, flower

194

3. angry
   sad
   happy
   sick

Unit 05 play

1. ① c ② b

   ① A: Let's play a computer game.
   B: Okay.
   ② A: Can you play the flute?
   B: Yes, I can.

2. ① play, baseball
   ② play, violin

3.

악기 이름
piano
flute
violin
drums

운동·놀이 이름
computer game
soccer
baseball
cards

Unit 06 make

1. ① a ② b

   ① A: Let's make a snowman.
   B: That will be fun.
   ② A: Let's make a robot.
   B: That will be fun.

2. ① make, toy ship
   ② three, five, makes, eight

3.

Unit 07 touch

1. ① a ② a

① A: Don't touch the bowl.

It's hot.

B: Okay.

② A: Can you touch your ears?

B: Yes, I can.

2. ① touch, nose

② touch, pot

3.

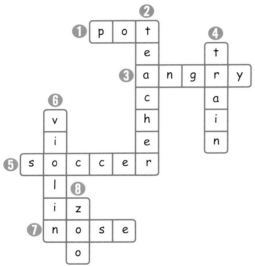

wash

1. ① a ② c

① A: Oh, your neck is dirty.

Wash your neck, please.

② A: What are you doing?

B: I am washing your jeans.

2. ① face, Wash, face

② washing

3.

open

1. ① c ② a ③ b

① The post office opens at 9:00 a.m.

② Open the can.

③ The hospital opens at 9:00 a.m.

2. ① Open, window

② opens

196

3.

① •   • post office

② •   • theater

③ •   • park

④ •   • hospital

⑤ •   • zoo

Unit 10 clean

1. ① mop　② living room

script

① sponge　duster　broom

② bathroom　kitchen　room

2. ① clean, kitchen

  ② clean, up, sponge

  ③ clean, living room

3. ② living room, broom

  ③ room, duster

  ④ kitchen, sponge

Unit 11 help

1. a

script

A: Help me clean the room.

B: OK, wait!

2. ① Help

  ② Help, clean

  ③ Help, make

3. ① bathroom

  ② sister

  ③ living room

  ④ mother

Unit 12 take

1. ① b　　② c

script

① A: Which one do you want,

    the puzzle or the doll?

B: I will take the doll.

② A: Which one do you want,

    the orange or the grapes?

B: I will take the grapes.

2. ① take, puzzle

  ② take, bananas

3.

p	u	s	l	e	d	o	l
m	b	a	n	a	o	r	④p
a	p	⑥b	g	o	l	a	u
j	①m	a	r	b	l	e	z
j	b	n	a	u	o	l	z
⑤g	r	a	p	e	s	y	l
e	y	n	d	r	e	z	e
③o	r	a	n	g	e	q	f

Unit 13 put

1. ① b ② a

script

① A: Where can I put the corn?

B: Put the corn on the table.

A: Yes, Mom.

② A: Oh, it's cold outside.

Put on your boots.

2. ① Put, tomato

② Put, cap

3.

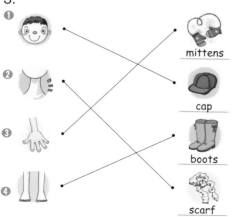

mittens

cap

boots

scarf

Unit 14 meet

1. ① b ② a

script

① A: Who are you going to meet?

B: I'm going to meet my aunt.

② A: Who are you going to meet?

B: I'm going to meet my cousin.

2. ① meet, grandparents

② meet

3.

❶ grandparents

❷ uncle   aunt   father   ❸ mother

 cousin   brother   me   sister

Unit 15 eat

1. ① a ② b

script

① A: Can I eat some ice cream?

B: Sure, you can.

② A: Can I eat some bread?

B: Sure, you can.

2. ① eat, cookies

② Eat, breakfast

Unit 16 know

1. ① a　② c

script

① A: Do you know that baby?

B: No, I don't know the baby.

② A: I know how to dance!

B: That's great!

2. ① know, girl

② know, skate

3.

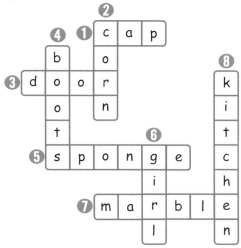

Unit 17 turn

1. ① a　② b

script

① A: Which way do I go?

B: Turn to the north.

② A: Can you turn on the stove?

B: Yes, Mom.

2. ① Turn, left

② turn, radio

3.

Unit 18 get

1. ① b　② c

2. ① get, milk

  ② get, airport

3.

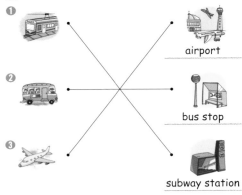

airport

bus stop

subway station

1. ① c   ② c

2. ① buy, bag

  ② buy, rabbit

3. ① e, k

  ② a, e

  ③ d

  ④ i, t

  ⑤ r, i

  ⑥ a

1. ① b   ② a

2. ① use, car

  ② Use, spoon

3. ① camera

  ② telephone

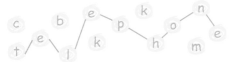

  ③ spoon

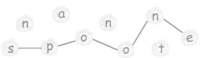

  ④ chopsticks

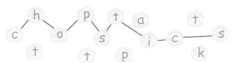

⑤ knife

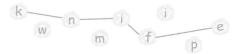

3. ① 문 – 노란색
   ② 울타리 – 파란색
   ③ 지붕 – 빨간색
   ④ 벽 – 녹색

Unit 21 feel

1. ① a   ② b

script

① A: How do you feel?
   B: I feel good.
② A: How do you feel?
   B: I feel cold.

2. ① feels, soft
   ② feels, hot
3. ① cold
   ② hard
   ③ soft
   ④ hot

Unit 22 paint

1. ① c   ② a

script

① green   red   pink
② roof   wall   door

2. ① Paint, roof
   ② paint, door, paint

Unit 23 write

1. a

script

A: What are you going to do?
B: I'm going to write an e-mail.

2. ① write, letter
   ② Write, phone number
   ③ Write, birthday
3. 이름:
   생일:
   전화번호:
   주소:
   이메일:

Unit 24 ride

1. ① b   ② a

script

① A: What do you want to ride?
   B: I want to ride on a roller
   coaster.
② A: What do you want to ride?
   B: I want to ride a bicycle.

2. ① ride, bicycle

   ② ride, merry-go-round

3. ① roller coaster

   ② merry-go-round

   ③ motorcycle

   ④ bicycle

2. ① read, novel

   ② read, Japanese

3. ① Chinese

   ② English

   ③ Korean

   ④ Japanese

Unit 25 study

1. c

script

A: What do you study at school?

B: I study science.

2. ① study, music

   ② study, animals

   ③ study, movies

3. 음식 : pasta, rice, bread, pie

   동물 : violin, flute, drums, piano

   악기 : rabbit, horse, dog, cat

Unit 26 read

1. ① b   ② a

script

① A: Read this poem for me,

     please.

  B: OK, let's read the poem.

② A: I can read English.

  B: That's great.

Unit 27 wear

1. ① c   ② a

script

① glasses   watch   ribbon

② dress   coat   shirt

2. ① wear, coat

   ② wear, shirt

3.

sweater   socks   coat

gloves   T-shirt   pants

Unit 28 draw

1. a

script

script

A: Can a cow draw the cart?

B: Yes, I think so.

A: Can a goat draw the cart?

B: Yes, I think so.

A: Can a pig draw the cart?

B: No, I don't think so.

2. ① draw, star

② draw, square

③ goat, draw

3.

Unit 29 give

1. ① b　② c

script

① A: What will you give Sally?

B: I will give a candle to Sally.

② A: What will you give Sally?

B: I will give a doll to Sally.

2. ① give, towel, towel

② give, mirror, mirror

3. ① mirror

② towel

③ toothbrush

④ comb

⑤ sponge

Unit 30 review

2. ① Count, elephants

② Count

3. ①, ④, ⑤, ⑥, ⑧, ⑩, ⑪, ⑫

eight